禅と念仏

平岡　聡

角川新書

はじめに

「禅」と「念仏」は、日本人なら誰もが知っている馴染《なじ》みの言葉だ。しかし、「その歴史や具体的な内容は？」と訊《き》かれたら、すらすら答えられる日本人は少ないのではないか。というわけで、日本仏教の大半をカバーする禅と念仏について、両者を対比しながら、その歴史や行の特徴をわかりやすく理解できるような著書の出版を思い立った。

禅と念仏は、いろいろな面で対照的な行だ。自力と他力、難行と易行《いぎょう》、悟りと救いなど、比較可能な点は多々ある。しかし、歴史を遡《さかのぼ》ると、禅はもちろん、念仏も本来は精神を統一することに深く関与する行であり、禅と念仏とは双修（双方を修すること）されることも珍しくなかった。ところが、日本では法然《ほうねん》を嚆矢《こうし》とする専修《せんじゅ》思想によって禅と念仏とは袂《たもと》を分かち、まったく別の行として認識されるようになる。

禅と念仏に関する著書は、本書が最初ではない。論文に関してはかなりの数が確認されるが、それらのほとんどは、禅から念仏へのアプローチか、あるいは心理学的に両者の共通項を指摘するものである。かつ、両者の違いは「自力vs.他力」といったステレオタイプなものであるし、従来の研究は断片的でしかなかった。

そこで本書では、最新の研究にも注意を払いつつ、これまでの著書や研究では反映されていなかった成果も活用し、また私自身の独自の視点も盛り込みながら、禅と念仏の諸相を包括的に比較し、両者の相違点と共通点とを明確にする。その意味で、本書は従来にはなかった知見を提供できたと考えている。

ここで簡単に、本書の構成（起承転結）について解説しておこう。第一章と第二章は本書の基礎をなす部分であり、歴史的な視点から禅と念仏の流れを整理する（起）。これを承《う》け、本章の核となる第三章から第五章は、両者の内容の違いを比較考察する（承）。さらに第六章と第七章では、禅と念仏が社会に及ぼした影響を考える（転）。第六章では文化面（美術や芸能）への影響、第七章では政治への影響を扱う。そして最終章の第八章では、両者の共通項に焦点を当て、心理学的な視点から共通の地盤を探る（結）。

ここで、タイトルの「禅と念仏」について付言しておく。「禅」は行を意味するとともに、その教えも内包した汎用《はんよう》性のある名称だが、「念仏」は行に限定されて使われるので、「禅」のような多義的意味はない。念仏は「浄土教」という教えの中で育《はぐく》まれた行なので、本書では「念仏」に「浄土教」も含意させ、また「禅仏教」に対応して「念仏仏教」という、こなれない呼称を用いる場合もあることを最初に断っておく。

それでは、日本仏教の両翼ともいえる禅と念仏を比較してみよう。本書が日本仏教の見取図として、皆さんの日本仏教の理解に貢献できれば幸甚である。

目次

第一章　本家vs.分家——禅と念仏の源

本章では禅仏教と念仏仏教の歴史を、インド・中国・日本の三国に分けてそれぞれ整理する。仏教の開祖ブッダは坐禅《ざぜん》によって悟りを開いたので、禅の歴史はブッダの時代にまで遡《さかのぼ》る。一方の念仏の発生母胎になった浄土教の誕生は大乗仏教時代であるから、禅に遅れること四百年ということになる。ではまず先輩である禅の歴史、それに続いて後輩の念仏の歴史を整理してみよう。具体的な行の内容およびその変遷については第二章で詳しく取り上げる。

「禅」の意味

「禅とは何か」と問われたら、「坐《すわ》って精神を集中することだ」と答えるだろう。では「「禅」という漢字本来の意味は何か」と問われたら、即答できる人は少ないのではないか。本来「禅」とは「〔天子が位を〕譲る」という意味になる。「禅譲」という熟語がそれを端的に表している。

ではなぜ「譲る」を意味する「禅」が「精神を集中すること」を意味するようになるのか。これについては、インドで誕生した仏教が中国にもたらされ、仏典が中国で漢訳された事情を説明しなければならない。

古代インドの標準語はサンスクリット語である。その方言の一つにパーリ語がある。サンスクリット語とパーリ語は標準語と方言の関係なので、大きな違いはないが、方言は標準語に比べて発音がややルーズになる。当初、仏典は「話し言葉」で伝承されていたが、紀元前後になると「書き言葉」で伝承されるようになる。そうなると、持ち運びが簡易になり、インドで書写された経典は中央アジアを通って中国にもたらされ、漢訳されることになった。

そのとき、中国人は大きな苦労を経験することになる。当時の中国にとって仏教は外来宗教であるから、自国にはない思想を自国の文化に合わせて自国語に翻訳しなければならなかったからだ。意訳、つまり意味で訳せば、内容はわかるが、外来宗教の新鮮さは失われる。一方、音訳（音写）、つまり音で訳せば、エキゾチックな雰囲気は醸成できるが、意味が伝わらない。というわけで、当時の中国人は場面に応じて意訳と音訳を使い分けた。

ではこれを踏まえ、「禅」に話を戻す。このもとになったサンスクリット語は「ディヤーナ（dhyāna）」であり、そのパーリ語形は「ジャーナ（jhāna）」である。これを意訳すれば「静慮」、音訳すれば「禅那／禅」となる。他にも「禅定《ぜんじょう》／定」という訳語がある（本書では主に「禅定」を用いる）。これは不思議な訳語で、「定（精神を定めること）」は意訳であるから、「禅定」は音訳と意訳が結合した語だ。

他にも精神集中を表す語は、「サマーディ（samādhi：三昧《さんまい》）」「サマーパッティ（samāpatti：等至《とうじ》）」「ヨーガ（yoga：瞑想《めいそう》）」などがあるが、ディヤーナとサマーディは初期の段階では特に区別されずに使用された（藤田［1972］）。

これら「精神集中」を意味する諸語が明確にどう異なるかを議論することはあまりに煩瑣《はんさ》になるため、ここではその特徴を大まかに「心一境性《しんいっきょうしょう》（心を一つの対象に留《とど》めること）」と理解しておこう。

ブッダは菩提樹《ぼだいじゅ》の下で禅定に入り、悟りを開いたと言われているので、禅定は行として王道中の王道だ。これは時代と地域が変わっても不動なのである。

「禅」の重要性

ブッダが実際に修した禅定がいかなるものだったかは不明だが、後のインド仏教ではこの禅定の段階が深まりに応じて四段階に分けられて「四禅」、また九段階に分けられて「九次第定《くしだいじょう》」と体系化されていったが、ここでは禅定が初期仏教から大乗仏教にかけて重要な行であり続けたことだけを確認しておく。

ブッダは、人間として生まれた以上は避けることのできない「老・病・死」という根本苦を克服するために出家し、執着こそが一切の苦の原因であると見抜いて悟りを開いた。つまり、執着をなくせば苦はなくなることに目覚めたのである。若さに対する執着が「老」を、健康に対する執着が「病」を、そして生命に対する執着が「死」を、苦と感じさせる。換言すれば、「若さ・健康・生命」に対する執着をなくせば「老・病・死」はもはや苦でなくなる。

悟りを開いた後、ブッダは最初の説法をしたが、その内容が「中道・八正道《はっしょうどう》・四諦《したい》説」と言われている。ブッダは快楽主義と苦行主義という両極端を離れて「中道」という新たな自分の立場を宣言した。その中道を実践することにより、一切の苦から解脱できる、すなわち悟れると宣言した。そして、その中道を具体的に説明したのが以下の「八正道」だ。

①正見：正しく物事を見極めること
②正思：正しく考えること
③正語：正しく語ること
④正業《しょうごう》：正しく身体的に振る舞うこと

⑤正命《しょうみょう》：正しく生活すること
⑥正精進：正しく努力すること
⑦正念：正しく注意を向けること
⑧正定：正しく精神を集中すること（＝「禅定」）

このように、八正道では八番目に「禅定」が位置づけられている。

つぎに、大乗仏教時代の実践道を紹介しよう。宗教は本来、個人を対象にしたものであり、初期の仏教もその例外ではなかった。しかし、大乗仏教になると、個人の解脱に加え、他者の解脱にも尽力することが理想とされるようになる。その理念は「自利即利他（自分の幸せは他者を幸せにすることである）」であり、それを実現しようと努める人を「菩薩《ぼさつ》（悟りを求める人）」と呼ぶ。その理念を実現するための菩薩の実践道は六つにまとめられ、「六波羅蜜《ろくはらみつ》」と呼ばれる。以下、簡単にその内容を紹介しよう。

①布施波羅蜜：他者に布施を実践する
②持戒波羅蜜：戒律を遵守する

③忍辱《にんにく》波羅蜜：何があっても耐え忍ぶ
④精進波羅蜜：努力を怠らない
⑤禅定波羅蜜：精神を集中する
⑥般若《はんにゃ》波羅蜜：真理を洞察する

波羅蜜とは「パーラミター（pāramitā）」の音訳であり、「完全・完成」を意味するが、ここでも「禅定」が悟りに資する行として位置づけられている。このように、インドでは初期仏教から大乗仏教にかけて、「禅定」は常に無視することのできない行として君臨してきた。そしてその傾向は中国や日本においても変わることはない。

ではここで、仏教の修行体系を端的にまとめた「三学」について解説しておく。三学とは「戒学・定学・慧《え》学」のことを指す。戒学とは、戒律を遵守することで、心身を整えることを意味する。それができれば、つぎは精神を統一する定学だ。この戒学と定学に基づいて、最終的に慧学、すなわち真理を洞察して智慧《ちえ》を獲得することができる。

三角形で言えば、左下の角が戒学、右下の角が定学、そして頂点が慧学ということになる。つまり、戒学と定学は慧学を得るための手段、慧学は目的という関係になる。「三学」

が仏教の基本的な修道体系としてとして纏《まと》められるのはそう古くはないが、三学の各項目は最初期の段階で説かれていた（並川［2023］）。この枠組みは日本の栄西《えいさい》や道元《どうげん》の禅を説明する際に出てくるので、覚えておいてほしい。

「念」の意味

ここまでみたように、禅はブッダに悟りをもたらした王道の修行であり、本家中の本家的修行であるが、念仏については事情が異なる。というのも、法然や親鸞《しんらん》の念仏仏教に親しんだ者にとって、念仏は「南無阿弥陀仏《なむあみだぶつ》と声に出して称《とな》えること」を意味するが、それは中国唐代の善導《ぜんどう》以来の解釈であり（後述）、本来の念仏は文字どおり「仏を念ずること」であるから、ある意味では禅定と近い行であった。では本来の念仏の意味を探っていくが、その前に「念」とは何かについて説明する。

念自体は禅定よりも古い行であることが最近の研究でわかってきた。ここでは、それを明らかにした並川孝儀《なみかわたかよし》［2021a: 2021b］の研究を紹介しながら確認していく。

「念」と漢訳されるインド語は、「記憶する／心に留《とど》める／思い出す」を意味する動詞「スムリ（√smṛ）」の過去受動分詞「サタ（sata）」とその名詞形「サティ（sati）」だ。たとえばサタは「自己がいま、どこで、どのように存在しているのかを正しく自覚するという、仏教修行者のもっとも基本的なあるべき姿を示している用語」と指摘する。つまり、日々の厳しい修行生活に身を置く仏教修行者の基本的なあり方を説くのが「サタ／サティ」だ。「過去の自己がどうであったが、現在の自己はどうあるのか、そして未来の自己はどうあるべきか」について、たえず悟りを求めて内観するというのがこの語の意義であるから、並川は、正しく心に留め、正しく自覚する念の対象を「自己の存在」と確定する。そして用例の考察から、「サタ／サティ」を原因として導かれる結果は、表現は一定ではないが、悟りの境地ということになる。よって「サタ／サティ」は悟りをもたらす重要な概念であることがわかる。

　さらに並川はサタに関し、重要な点を指摘する。第一は、サタが「教えを了知して」を前提とした上で行う実践として説かれている点だ。この場合の「教え」とは、苦とその原因である執着からの脱却や目指すべき涅槃《ねはん》に関することで、論理的思考に基づいた思想や教理に関する内容は説かれていないという。仏弟子からすれば、教えを了知するにはブッダの声に耳を傾けなければならないが、並川はここに、教えを説くブッダと真理を求めて一言も聞き漏らすまいとする仏弟子たちの緊張感ある宗教世界を見て取る。

並川はここからさらに考察を進め、無師独悟であったブッダ自身に「教えを了知して」という過程はなかったから、結局のところ、ブッダの修行はサタの実践から始められたのではないかと推測する。

第二は、サタが「たえず／常に」という副詞によって修飾されるという点である。これは自己の存在を自覚することがたえまなく続けるべき行為であり、自己を徹底的に見つめ、克己し続ける極めて厳格な行為であることを示しており、それは同時にサタが日々のあらゆる修行の基礎となる行為であることを示していると並川は指摘する。このように、「サタ／サティ」はたえず自己の存在を正しく自覚する精神的修行であることがわかる。

「念」から「念仏」へ

以上、みたように「念」の対象は本来「自己自身」であったが、時代が下ると、修行者たちは悟りを求めるよりも、開祖ブッダが体得した真理をいかに正しく理解して継承していくかに関心が移り、その教えの解明に努め、論理的思考によって教理の体系化を進めた結果、今日我々が知るような思想を構築していった。つまり、仏教修行者の目的は悟りという理想世界を体得することから、次第にそれらに対する思想的な解明へと比重が移り、仏教独自の立場として「無我」や「縁起」の教えなどが思想として構築されるようになったと並川は指摘する。

これにともない、念の対象も「自己の存在」から「仏」へと移行していく。こうして「念仏」という行が誕生することになるが、「念仏」といっても最初は「仏の名前」を念ずるものであった。仏には多くの異名がある、それは一般に「如来の十号」と言われる。その内容は以下のとおり。

・「真如（真理の世界）より来た人（如来）」
・「供養に値する人（阿羅漢《あらかん》／応供《おうぐ》）」
・「正しく完全に覚った人（正遍知／正等覚者《しょうとうがくしゃ》）」
・「智慧と実践を具えた人（明行足《みょうぎょうそく》）」
・「（真理の世界に）善く逝ける人（善逝《ぜんぜい》）」
・「世間をよく理解する人（世間解《せけんげ》）」
・「この上ない人（無上士）」
・「人を巧みに導く人（調御丈夫《ちょうごじょうぶ》）」

・「神と人の師匠（天人師《てんにんし》）」
・「目覚めた人（仏）」
・「世にも尊い人（世尊）」

こうしてまとめると、全部で十一となるが、「如来の十号」という場合は「如来以外に十号ある」と理解しておこう。

さて、ブッダが弟子たちに「三宝《さんぽう》（仏〔真理に目覚めた仏〕・法〔仏が目覚めた真理〕・僧〔仏と法に従って修行する出家者の集団〕）のそれぞれを随念することの功徳」を語る初期経典（『相応部』）があるが、その中の仏随念（＝念仏）はつぎのように説かれている。

比丘《びく》たちよ、もしもお前たちが森の中にいようとも、樹木の根元にいようとも、空き家にいようとも、恐怖が起こったならば、戦慄《せんりつ》が起こったならば、身の毛のよだつことがあったならば、その時は私を随念せよ。〈かの世尊は阿羅漢・正等覚者・明行足・善逝・世間解・無上士・調御丈夫・天人師・仏・世尊である〉と。比丘たちよ、お前たちが私を随念するならば、恐怖が起こっても、戦慄が起こっても、身の毛のよ

だつことがあっても、それは除かれるだろう

このように、仏随念の具体的な内容は「如来の十号」であり、これを念の対象とする。そして仏を随念することで、恐怖から解放されるという功徳もあわせて説かれる。これが念仏の原形だ。そしてこの念は三昧（サマーディ：samādhi）と近い関係で説かれる。ある論書では「念とは「心一境性《しんいつきょうしょう》」（既述）を内容とする」と説かれ、「三昧」の根拠になっている。

「念仏」から「観想念仏」へ

しかし、さらに時代が下ると、念の対象は「抽象的な名前（如来の十号）」ではなく、「具体的な仏の身体」に変化する。その背景には大乗仏教の興起と時を同じくして誕生した仏像の存在も無視できないが、大乗経典を中心に、仏の姿形を対象とする念仏（三昧）が盛んに行われるようになる。ここでは初期大乗経典の一つ『般舟三昧経《はんじゅざんまいきょう》』（蔵〔チベット〕訳）の用例を紹介しよう。

同経はその名のとおり、「般舟三昧」を説く経典である。「般舟」とはインド語を音写し

たもので「現在の仏が現前に住したまえる」を意味する。つまりこの三昧を修得すれば、目の前に現在の仏が現前する。第三章では、ブッダが菩薩バドラパーラに「般舟三昧」の内容をつぎのように説明する。

戒を完具し、独りで閑処《かんじょ》に坐り、心に西方の阿弥陀仏が今おられるのを念ずるべきである。彼は自分が聞いたままの阿弥陀仏を姿形という点から、〈ここから西方の百千万億仏土を過ぎた極楽世界に、阿弥陀仏が菩薩の集団に取り囲まれ、お坐りになって法を説かれている〉と念ずる。（中略）彼は一心に念ずること、一昼夜あるいは七昼夜、七日にわたって、心を散乱させずに阿弥陀仏を念ずれば、阿弥陀仏を見る。昼間において見なければ、夢の中で阿弥陀仏が姿を現すのである（林［1994］より抄訳）。

このような念を継続すれば、最終的には覚醒《かくせい》したままで阿弥陀仏に見《まみ》えることができ、それができない場合は夢中での見仏が可能とする。これから判断すれば、夢中の見仏よりも覚醒時の見仏の方に価値が置かれているようだ。この経典は般舟三昧を獲得する方法として、仏像を観想するという「観像」を説いていることも興味深い。

念仏と観像との関係に関して高田修《たかたおさむ》［1967］は、大乗思想の展開や見仏（あるいは「観仏」）思想の発達によって仏像がインドに出現したのではなく、造像の一般化しつつあった時代環境の中で仏像が観仏の一手段として用いられていったことを論証している。高田は三昧経類の用例を中心に観仏と観像との関係を考察し、「観仏の前提としての観像であったことが知られる」、「観仏を習行するにあたり、まず仏像を熟視観察したのち、静処にあって仏の相好を観ずるのが、その初歩の修習階梯《かいてい》であった」、「観像は像を縁としてより高次の観仏に入るための第一階梯であった」などと指摘する。このような観像を用いた念仏の内容は、具体的な仏の視覚的イメージと言えよう。

同経における極楽往生の方法は、般舟三昧（思念）による見仏と、その見仏に基づく念仏であり、この場合の念仏は、阿弥陀仏の諸徳と姿形を念ずることであるから、観想念仏に相当する。観想念仏するには、まず観想の対象となる仏を見ること（見仏体験）が必要であり、そのためには般舟三昧の修得が不可欠となる。見たこともないものを観想の対象にはできないからだ（吹田［2016］）。

「称名」の起源

では最後に、日本仏教の念仏を考える上で重要な「称名」についても整理しておこう。日本仏教で念仏と言えば「称名念仏（「口称《くしょう》念仏」とも言うが、本書では「称名念仏」で統一）」だが、念仏と称名は本来別物であり、異なる起源を有する行だった。したがって、日本仏教の本流である称名念仏を理解するには、まず称名について理解しておかなければならない。

仏教における称名（南無仏）の起源を初期経典中に探索してみよう。『経集』の中に、修行者サビヤとブッダとの会話が収められている。さまざまな疑念を抱いたサビヤは六師《ろくし》外道《げどう》に問いを投げかけたが、誰も満足のいく答えを返してくれなかった。そこで彼はブッダのもとに赴き、同じ問いをぶつけると、それに対してブッダは見事に答えたので、サビヤは感動してさまざまに喜びを表現するが、その中につぎのような表現がみられる。

人々の中で最も高貴なお方よ、あなたに帰依いたします。人々の中で最高のお方よ、あなたに帰依いたします。神々を含めて、あなたに匹敵する者は誰もいません。

この他にも初期経典中、「南無仏」の用例は「ウダーナ（感動的に自然に発せられる言葉）」として、「かの世尊・阿羅漢・正等覚者に帰命いたします」と表現される中に認められる。通常これは三回発せられ（三称）、またこれを称えるのはすべて在家者であることも特徴的だ。ただし、初期経典におけるウダーナは、それを発することで何らかの功徳があるとは明記されていない。

そしてこのウダーナは、仏教入信儀礼である「三（宝）帰依」へと体系化されていく。つまり、三宝に帰依を表明することが仏教徒になるための入信儀礼となる。仏教の歴史は二五〇〇年に及び、その地域もアジアを中心に今では世界に拡がる宗教となったが、時代や地域は違えども、この三帰依の表明は仏教入信儀礼として今でも息づいている。たとえば、『経集』ではつぎのように説かれる。

この私は世尊ゴータマと法と比丘の僧伽《そうぎゃ》とに帰依いたします。ゴータマは私を在俗信者として受け入れて下さい。今日以降、命が終わるまで帰依いたします。

このように入信儀礼としての三帰依のうち、仏に帰依することを表明する「南無仏」が称名念仏の起源となる。この「仏」を「阿弥陀仏」に変えればよいからだ。

念仏と称名

以上のように、念仏と称名の起源は異なるが、両者が近い関係で用いられていたことも確かだ。それをインド仏教の説話文献から紹介しよう。

初期経典から遅れて成立した伝統仏教の説話文献『ディヴィヤ・アヴァダーナ』の第一八章では、ダルマルチの話が見られる。彼は過去の悪業により、ティミンギラという怪魚（おそらく鯨）に再生し、船で大海を渡る商人たちを呑《の》み込もうとしていた。そのとき、商人たちはバラモン教の神々に祈願したが効果はまったくなかったため、仏に救いを求め、つぎのように提案する。

> 皆、我々はこの死の恐怖からまったく逃れられそうにない。全員死ぬに違いない。しかし全員で声を合わせて『仏に帰命いたします（南無仏）』と叫ぼうではないか。どうせ死ぬなら、仏を念の対象として死のう（平岡［2007］）。

こうして、彼らが声を合わせて「仏に帰命いたします（南無仏）」と称えると、ジェータ林にいたブッダは天耳通《てんにつう》でその声を聞き、その声をティミンギラに聞こえるようにした。「南無仏」という声が聞こえると、ティミンギラは〈おお、仏が世に出現されたのか！「南無仏」という叫び声を聞いておきながら、私は彼らを食べてはいけない〉と考え、商人たちを呑み込むのを止めた。

ティミンギラはさらに考えた。〈もしも私が今、突然口を閉じたら、船は水の勢いで押し戻されて難破し、彼らの多くは命を落とすだろう。いざ私はゆっくりとした動作で、じわじわと口を閉じよう〉と。こうしてティミンギラはゆっくりと口を閉じたので、彼らは助かった。

ここではバラモン教の神々に祈りを捧《ささ》げても効果はなかったが、「南無仏」という称名は海上での災難を回避する行為として描かれている。この後、無事に帰国した商人たちは命の恩人ブッダのもとを訪れ、「死に直面したとき、一心に世尊を念じ、〈仏の〉御名《みな》を称えましたところ、船はその大きな怪魚の口から逃れられました」と前置きして礼を申し述べる。ここにも念仏と称名の密接な結びつきが確認できる。ここではそれに加え、称名の直接的な果報が説かれている点にも注目しておこう。

第二章　保守 vs. 革新——歴史的な変遷

前章では禅と念仏の起源を整理した。それを踏まえ、本章では禅と念仏の「行」の変遷に焦点を当て、これもインドから日本に至るまで、どのように両者が変容してきたかを整理する。禅は王道中の王道の行であるから、基本線に大きな変容は認められず、極めて保守的だ。一方の念仏は時代によって大きく変容している。とくに中国の善導によって念仏の解釈は劇的に変化し、それを承《う》けた法然や親鸞も念仏に独自の解釈を加えていった。その意味で念仏は実に革新的である。

インド仏教の瞑想（禅）

ではまず、瞑想《めいそう》（禅）の歴史的変遷についてわかりやすくまとめた蓑輪顕量《みのわけんりよう》［2008］を参考に、インド・中国・日本における禅の歴史的変遷を「止観」という観点から整理する。まずはインド仏教から。

仏教は輪廻《りんね》からの解脱を目指すが、輪廻をもたらすものは人間の業（行為）であり、またその業は思念（心の働き）によって決定されると考えられたので、輪廻の原因となる行動を正すためには、心に生じている思念を正す、あるいは思念そのものを滅しなければならないことになる。

インドの瞑想法には、「止滅《しめつ》の道（心を静めていく瞑想）」と「促進《そくしん》の道（心を高揚させていく瞑想）」の二つがあるが、仏教の瞑想法は前者であった。思念を滅するためにはどうすればよいか。彼らは体験を通して、心に生じる思念に気づき続けていると、心の働きが次第に静まっていくことに気づいた。さらには、強制的に心の働きを何か一つの対象に結びつけておくことも有効だと気づいた。このような瞑想法を「サマタ：止」と呼ぶ。たとえば、呼吸の出入に心を結びつけ、「息が出る／入る」と意識する。これを「数息《すそく》観」という。一つの対象に心を結びつけるので、余計な心の働きが抑えられ、心が静まっていく。

それができるようになれば、つぎは「ヴィパッサナー：観」の段階に入る。これは「見る／観察する」を意味するが、では何を見、何を観察するのか。「数息観」で言えば、出息と入息に意識を集中し、出る息には「出息」、入る息には「入息」と命名（ラベルを貼る）していると、あることに気づくようになる。それは把捉《はそく》するもの（名《みょう》：名称）と把捉されるもの（色《しき》：名称によって言い表されるもの）との分離だ。

この名と色とが生じている時間はわずかであり、それが自然と滅していくことも実感するようになる。意識したつぎの瞬間には、またつぎの出入息が始まるからだ。こうして「生滅」の繰り返しを実感することで「無常」が体得される。我々は無常なるものに永遠性を認めようとするので、無常なるものは「苦」であると理解される。またそれに実体（我）はなく、自分の思い通りにならないので「無我」も体得される。こうして、仏教の根本真理である「無常／苦／無我」が勢揃いし、そのすべてが体得される。ここに観を実践する第一の効能がある。

観が実践できれば、自分の感情を対象化して捉《とら》えることができるので、感情にすぐに支配されずにすむようになる。これが第二の効能だ。さらに第三の効能は、心に生じた感情に繰り返し気づき続けていると、その感情が自然と生滅していくようになることだ。感情に「気づく」ということは感情に「流されない」ということであり、さらに「気づき続ける」うちに、その感情は「消滅する」のである。

人間の感覚器官は「眼《げん》／耳《に》／鼻《び》／舌《ぜつ》／身《しん》／意《い》」であり、これらを通して「見る／聞く／嗅《か》ぐ／味わう／触れる／考える」という行為を行い、それぞれの対象を認識しているが、日常的には見たものを「～である」と判断し、何らかの感情を生じるまで、短時間で一気に行っている。不快なものを見たり、嫌なことを聞たりすれば、一気呵《か》成《せい》に「憂／怒」の感情にまで突っ走ってしまう。

しかし、観を修して「見ている／聞いている」と気づく練習をしていれば、そこで一旦《いったん》、感情を停止させることができるので、心の一連の流れを断ち切ることができる。つまり「見る／聞く」で留《とど》めておくことができるが、これが観の第四の効能だ。

では、止と観の違いをまとめておこう。一つのものに専心して気づき続けることは止になり、それは心の引き起こす反応を静めていく方向を持つ。一方、身体が感じるすべての感覚、すなわち感覚機能が起きていることを一つ一つ対象化して、気づいていく方は観と呼ばれ、その先に心の反応が進まないようにする方向性を持つ。

以上は伝統仏教の瞑想だが、大乗仏教になると、これに加えて、心を結びつける対象に新たなものが設けられた。それが、第一章でふれた「仏の姿」だ。涅槃《ねはん》に入り輪廻から解脱したブッダを、肉体を有する人間的な姿で思い浮かべることは、初期仏教では抵抗があったと推察されるが、仏滅後久しい人々のブッダに対する追慕の念や仏像の誕生もあって、大乗仏教の時代には仏の肉体的な姿形が瞑想の対象になった。

また、大乗仏教の時代の瞑想として忘れてならないのが、密教の瞑想である。真言や陀《だ》羅《ら》尼《に》を声高くテンポよく繰り返し称《とな》えることによってハイテンションとなり、忘我の神秘的な合一体験を目指す密教の瞑想法は「止滅の道」から一歩踏み出しており、最初に指摘した「促進の道」の瞑想ということになる。これについては、踊り念仏もこの系統に属することになる（第六章で再び取り上げる）。

中国仏教の禅

中国人は外来の宗教である仏教を、中国土着の老荘思想に基づいて理解しようとした。これを格義仏教という。しかし、これでは真に仏教を理解したことにはならないので、仏教を理解するには独自の用語を用いて翻訳すべきとの主張がなされるようになった。その提唱者が釈道安《しゃくどうあん》だ。彼の働きで亀茲国《きじこく》（クチャ）から迎えられた鳩摩羅什《くまらじゅう》（クマーラジーヴァ）は、『法華経』や『阿弥陀経』など、その後の東アジア仏教界に大きな影響を与えた経典を翻訳した。

また彼は瞑想に関する経典、すなわち禅観経典を翻訳したが、その代表格は『坐禅三昧経《ざぜんざんまいきょう》』である。ここでは、心を一つの対象に結びつけ、それに気づき続けて行くように促すが、これはインド以来の「止」の伝統を踏襲している。

つぎに、天台大師智顗《ちぎ》の瞑想をみていこう。彼の著作『次第禅門《しだいぜんもん》』では、伝統的な止を「心を制すること」と表現し、以下の三種に分けて説明する。

①繫縁《げえん》の止：心を一つの対象に結びつけて心を静めること
②制心の止：知覚の作用を止めること
③体真《たいしん》の止：さまざまな法が空であることを体現すること

また『修習止観坐禅法要《しゅじゅうしかんざぜんほうよう》』では、目的別に以下の四種に分けて観を説く。

①不浄観：貪欲《とんよく》を対治するため
②慈心観：瞋恚《しんい》を対治するため
③数息観：尋《じん》（粗大な心の働き）伺《し》（微細な心の働き）などが多いのを対治するため
④界分別観：輪に執着するのを対治するため

『摩訶止観《まかしかん》』では、四種《ししゅ》三昧（常坐三昧・常行三昧・半行半坐三昧・非行非坐三昧）を説く（第八章で詳説）。このうち常行三昧とは、歩きながら行う行法で、口に南無阿弥陀仏と称え、心に阿弥陀仏を念じながら、心を一つの対象に結びつけることと説明される。このように、『摩訶止観』に述べられている止観の内容は、インド仏教からの基本に忠実であることがわかる。

ではつぎに、中国で特異な発展を遂げた禅宗の瞑想について整理する。禅宗では師資相承《ししそうじょう》を大切にし、血脈《けちみゃく》を重視した。『六祖壇経《ろくそだんきょう》』によれば、達磨《だるま》→慧可《えか》→僧璨《そうさん》→道信《どうしん》→弘忍《こうにん》と次第した。問題は第六祖以降だ。時の政治権力との関係もあり、第六祖を神秀《じんしゅう》とする系統（北宗）と、慧能《えのう》とする系統（南宗）の二つに分かれた。その後、南宗を唱導した神会《じんね》の働きもあり、慧能の南宗が主流となる。

神会は神秀の禅が次第に階梯《かいてい》を踏んで悟りに至る漸悟《ぜんご》の劣った禅だと主張し、慧能の禅をたちまちに悟りに至る頓悟《とんご》の禅だと主張した。詳細は省くが、神会の禅はインド仏教以来の止も観も重視している。

さて慧能の南宗に属する馬祖道一《ばそどういつ》は、現在の日本に伝わる中国禅宗の実質的な創始者とされる。彼の禅の特徴は、「平常心《びょうじょうしん》、是《こ》れ道《どう》なり」に象徴されるように、日常性を絶対的に肯定するところにある。以降、中国の禅では「ありのまま」が目指されるようになり、「ありのまま禅」と呼ばれるものになっていくが、その特徴は心の働きを肯定的に捉えることにある。しかし、そうするためには、心を見つめる練習が欠かせないが、ここにインド仏教以来の「止」の伝統が息づいている。

中国の禅宗では、インド仏教以来の禅定《ぜんじょう》の伝統を継承していることは間違いないが、一方で、中国独自の新たな工夫も生まれた。それが「公案」だ。これは本来「官庁の決裁書を意味する法制上の言葉」であり、禅宗においても時代によって使われ方に相違が見られる。今日的な意味での公案が登場するのは、大慧《だいえ》宗杲《そうこう》のころと推定されている。

彼が提示した公案は絶対矛盾の内容を含んだ問題であった。論理的には答えの出せない問題が提示される。問題を出された方は、爆発するような感極まった体験をすることになるが、そこを突き抜けたところに、悟りの世界が開けてくる。公案とはそういう体験をさせることが目的であったが、視点を変えれば、それは心の働きを静かにさせるという「止」が意識されている。

問題を出された方は、その公案に心の働きを集中して考え続けることになるので、公案はまさしく止のための新たな工夫であることがわかる。この公案に基づく禅は、「看話禅《かんなぜん》」とも呼ばれる。「看」は「見守る」の意なので、看話禅は基本的に「絶対矛盾の問題をじっと見守る」ことにその本質がある。つまり、これは止（＝心一境性）を確保することに他ならない。公案は新たな中国的工夫ではあるが、それはインド仏教の伝統に根ざしているのである。

日本仏教の禅

日本仏教における禅（瞑想）の歴史は、法相宗《ほっそう》を最初に伝えた道昭《どうしょう》である。彼は遣唐使として中国に留学し、玄奘三蔵《げんじょうさんぞう》に師事して唯識観《ゆいしき》に基づく禅を日本にもたらしたと考えられている。

本来、仏教は学（学問）と行（実践）を両輪とするが、学の方が重視された日本仏教において、瞑想を中心とする行はどのような位置づけにあったのかをみていこう。

瞑想修行の場として、平安初期の護命《ごみょう》は山に籠《こ》もり、「虚空蔵求聞持法《こくうぞうぐもんじほう》」を修していたことが『続日本後記《しょくにほんこうき》』の記録からわかる。これは単に「求聞持法」とも呼ばれ、見たり聞いたり覚知したりしたことを憶《おぼ》えて、長く忘れないようにするために修する秘法である。実際には真言を唱えながら修されるが、心を一つのものに結びつけて修されるので、心一境性は確保される。こうして初期の瞑想修行には山が深く関わっていたことは間違いない。

つぎに、天台宗の瞑想をみていこう。日本天台において、瞑想は重要な要素であり、天台宗の学生は智顗の『摩訶止観』に説かれる四種三昧を実習することが求められた。最澄《さい ちょう》の後を受けた円仁《えんにん》は、中国に留学した後、日本の比叡山《ひえいざん》に五会《ごえ》念仏を伝えたとされる。

これは別名「止観念仏」とも呼ばれ、一歩ずつ歩きながら「南無阿弥陀仏」と念仏をゆっくり称えて堂内を回る行をいう。その名のとおり、心の働きを静める「止」と、心をありのままに観察する「観」の意味を持つ。

続いて、良忍《りようにん》の融通《ゆうずう》念仏を取り上げる。これは一人の念仏の功徳が万人の功徳として融通するもので、その念仏には音楽的な要素が色濃く反映しているのが特徴だ。そのゆったりとした念仏の調べに心は静められていくので、「止」の行法が生きていることは間違いない。これと同様に、鎌倉《かまくら》時代に覚盛《かくじよう》らの律僧が始めた釈迦《しやか》念仏会は、「南無釈迦牟尼《むに》仏」とゆっくり唱えるので、「止」の側面が意識され、また奈良の西大寺《さいだいじ》で行われる光明真言《こうみようしんごん》会《え》は、光明真言を唱えながら真言一文字にあわせて一歩一歩と堂内を経行《きんひん》するので、これも「止」である心一境性の工夫になっている。

つぎに、いわゆる禅宗の禅を取り上げよう。平安時代には大日能忍《だいにちのうにん》という僧侶《そうりよ》が禅を強く主張したようだが、その具体的な内容は知られておらず、日本仏教史上、達磨禅を本格的に伝えたのは臨済宗の開祖・栄西ということになっている。

栄西の伝えた禅は公案を用いる。ただし、公案は答えの出る問題であるが、答えの出ない絶対矛盾の問題の場合は「話頭《わとう》」といい、現在の日本の臨済宗では、話頭を提示して、それに参じさせる方法をとる。答えの出ない問題を考えるので、精神的に異常をきたす場合もあるが、そのような精神の爆発するような境地を体験しなければ、悟りには到達しえないとされる。

つぎに、曹洞宗《そうとう》の開祖・道元の禅をみていこう。道元禅の特徴は「身心脱落《しんじんだつらく》」と表現される。この言葉の解釈も種々あるが、蓑輪はつぎのように解釈する。ここでの「身」とは捕まえられる対象となる形あるもの、「心」はそれを捕まえる心の働きを意味する。我々の心の働きは、何かがきっかけとなって生じ、身（認識の対象）が生じたときに心（認識主体の働き）も生じるが、その両者が「脱落」する、つまり身も心も抜け落ちた（＝生じなくなった）状態、これを「身心脱落」という。

また道元禅の特徴は「只管打坐《しかんたざ》」とも言われる。「ただひたすら坐禅すること」と理解されるが、これにはもう少し説明が必要だ。道元は『普勧坐禅儀《ふかんざぜんぎ》』の中で「心意識の運転を停め、念想観の測量を止める」と表現している。前半の「心意識の運転を停め」とは「心の働きを停止させる」ことを意味するので「止」を表現し、後半の「念想観の測量を止める」とは、外界からの刺激を受けた後の心の判断作用を止めることを意味するので、判断せずにただその心の働きに気づくこと、すなわち「観」が大事だと述べている。こう理解すれば、道元の禅はインド仏教以来の「止観」の伝統をしっかりと継承していることになる。

江戸《えど》時代になって、日本にもたらされた黄檗《おうばく》宗の禅についてもふれておく。黄檗宗では禅と念仏の融合が見られ、「南無阿弥陀仏」と念仏を称えてから坐《すわ》るという形式が実践されている。その起源は不明だが、実際に黄檗宗の朝勤《ちょうごん》では、経典の読誦《どくじゅ》、念仏、坐禅の三部から構成されている。なお、このような禅と念仏の融合の形態は白隠慧鶴《はくいんえかく》によって厳しく批判されるところとなった。

では、現在の臨済宗に大きな影響を与えた白隠の禅とはいかなるものであったか。白隠の禅は「内観《ないかん》」とも呼ばれ、身体の内外を流れている「気」を観察の対象にしたものである。心の働きを気に集中させて観察するので、「止」の働きが認められる。また白隠は公案を機能別に六種に分類しているが、そのさい、伝統的な修行道である止と観とを踏まえて分類しているという。

最後に蓑輪は日本仏教の瞑想に関する修行法として、インド仏教以来の「止」の伝統を忠実に継承しているが、「観」についてはあまり正面には出てきていないと指摘する。その理由は観から導かれる慧の世界を、体験ではなく学解によって行おうとしたからではないかと推察する。

インド浄土教の念仏

第一章ではインド仏教一般における念仏について解説したが、ここでは大乗仏教の誕生によって新たに興った浄土教という枠組みの中で、念仏の歴史を整理する。浄土に言及する大乗経典は多々あるが、その中でも特に阿弥陀仏の極楽浄土に言及する経典は浄土三部経と呼ばれる。『無量寿経《むりょうじゅきょう》』『阿弥陀経』『観《かん》無量寿経』の三つだ。『無量寿経』と『阿弥陀経』はサンスクリット原典に加え、チベット訳や漢訳があるが、『観無量寿経』にはインド原典がなく、ウイグル語訳と漢訳があるだけであり、そのインド成立は疑われている。しかし、ここではそれを問題視せず、極楽浄土に関する大乗経典として平等に扱う。

質量ともに重要なのは『無量寿経』だ。というのも、中国仏教や日本仏教で問題となる念仏往生の根拠が説かれているからだ。同経は、阿弥陀仏が法蔵菩薩《ほうぞうぼさつ》であったとき、世自在王仏《せじざいおうぶつ》の前で四八の誓願を立て、それを実現するために修行した結果、その誓願がすべて成就して阿弥陀仏となった経緯を説く。

その四八ある誓願のうち、念仏往生の根拠となる第十八願をみてみよう。ここでは「設《も》し我、仏を得たらんに、十方《じっぽう》の衆生、至心に信楽《しんぎょう》して我が国に生ぜんと欲し、乃至《ないし》十念せんに、若《も》し生ぜずんば正覚《しょうがく》を取らじ」と説かれており、この「乃至十念」が中国仏教以降、念仏往生の根拠とされてきた。つまり「十回念仏すれば、私（阿弥陀仏）は衆生を極楽に迎え取る。この誓願が成就しない間は仏にならない」と誓って、仏になったのであるから、「十回念仏すれば往生できる」と理解するのである。

しかし、これは漢文に基づいた解釈であり、しかもこの「十念」の中身はインド仏教の文脈では「十回の念仏」を意味しない。そこで、この漢訳の原文に注目してみよう。その当該箇所の日本語訳は「私の仏国土の生まれたいという心を起こし、その心を起こすことが、たとえ十回に過ぎなかったとしても」となっている。つまり、漢訳の「乃至十念」は「〔阿弥陀仏の浄土に〕往生したいという心を十回起こすこと」を意味するので、伝統的な念仏でもなければ、「南無阿弥陀仏」と声に出して称える念仏でもない。よって、中国仏教以来、念仏往生の根拠とされてきた『無量寿経』には、念仏（＝称名念仏）は説かれていないことになる。

ではつぎに、『阿弥陀経』をみてみよう。同経はブッダが一方的にシャーリプトラに語りかける無問自説の形式を取る。まず経の前半部分で、ブッダは「シャーリプトラよ、この国土より西方に十万・千万の仏国土を越えたところに、極楽という世界がある」と話を始める。そして次々に極楽浄土の見事な景観がブッダによって詳しく説かれる。『阿弥陀経』は往生の方法を、「極楽に往生したいと誓願を起こし、阿弥陀仏の名前を聞いて、七日間、散乱しない心で思念すること」、つまり「誓願／聞名《もんみよう》／思念」の三つとする。「思念」にあたる語は漢訳では「執持名号《しゆうじみようごう》（＝称名）」と訳されるので、『阿弥陀経』には称名念仏を往生の条件とする記述はない。

最後に『観無量寿経』の内容を紹介する。同経は王舎城《おうしやじよう》の悲劇を扱う。王舎城の王である頻婆沙羅《びんばしやら》（ビンビサーラ）は、悪友の調達《ちようだつ》（デーヴァダッタ）に唆された王子の阿闍世《あじやせ》（アジャータシャトル）によって幽閉され、それを嘆いた王妃の韋提希《いだいけ》（ヴァイデーヒー）がブッダに助けを求める物語を扱う。

そこでブッダは極楽に往生するための一三の観法《かんぽう》（瞑想法）を彼女に教え、そしてこの後、衆生の能力を九段階（「上・中・下の三品《さんぼん》」×「上・中・下の三生」）に分け、それぞれの能力に応じて、上品上生《じようぼんじようしよう》から下品下生《げぼんげしよう》までの九種類の往生の方法が説かれる。ではここで最下層の「下品下生」に注目し、往生の最低ラインを確認しておこう。

そこでは「十悪五逆を犯した者でも、臨終に際して、真実の心を発《お》こし、声を絶やさず南無阿弥陀仏と十回称えるならば一瞬一瞬に八十億劫《こう》の罪を除去し、極楽に往生する」と説かれる。

このように、浄土三部経の中で『観無量寿経』が唯一「南無阿弥陀仏」と声に出して称えること（称名）を往生行として明記している点は注目されるが、これを「念仏」とは規定していない。同経には「念仏三昧」という表現が見られるが、それは十方のすべての仏を見ることを目的とした念仏であるから、「観想念仏」であって、「称名念仏」ではない。

また下品下生には、その後の浄土教の展開を考える上で重要な表現が見られるので、それを確認しておく。ここでは、悪業を犯した者が臨終に際し、苦に逼《せま》られて仏を念ずることができないとき、善友《ぜんぬ》が彼に「汝《なんじ》、若し彼の仏を念ずること能《あた》わざれば、応《まさ》に（帰命）無量寿仏と称うべし」と告げる場面がある。これは、念仏と称名の関係を見事に描いている。つまり、念仏は難行だが、称名は苦に苛《さいな》まれていても実践しやすい易行《いぎょう》であることが明記されているのである。

このように、インドの浄土教に限定しても、「南無阿弥陀仏」と声に出して称える称名念仏は一切説かれていない。「南無阿弥陀仏」と声に出して称えることは『観無量寿経』ではじめて登場するが、それは「称名」であって「念仏」ではないことを確認しておこう。

称名が念仏になるのは中国仏教唐代の善導を待たねばならなかった。

中国浄土教の念仏

インドの大乗仏教で誕生した浄土教が中国にもたらされると、独自の展開を遂げた。特に日本の浄土教を考える上では、慧遠《えおん》・曇鸞《どんらん》・道綽《どうしゃく》・善導という四人の浄土教家が重要だ。ではまず、盧山《ろざん》の慧遠から説明していこう。

慧遠は盧山東林寺《とうりんじ》に僧俗一二三名からなる念仏結社「白蓮社《びゃくれんしゃ》」を組織した。慧遠の師匠は般若経の空智の追求者・道安《どうあん》であったから、慧遠が白蓮社で実践した念仏は禅観に基づく念仏、すなわち阿弥陀仏を念の対象とする般舟三昧だった。

しかし白蓮社が般舟三昧を目指すかぎり、それは選ばれた賢人隠士の宗教であり、他力による万人の救いを目指す浄土教ではない。入社に際しては人を選んでいたので、閉鎖性は高くなり、結果として白蓮社の構成員は持戒も堅固で、教養も高い俊秀が多かった。慧遠の浄土教は「自力浄土教」と称されるが、この後に紹介する曇鸞・道綽・善導とつながる「他力浄土教」とは一線を画する浄土教ということになる。

これに対して曇鸞は、自力難行道から他力易行道という新機軸を打ち出した。これによれば、阿弥陀仏に対する信や阿弥陀仏の名を聞いて称えるという聞名や称名という「往生の因」に、阿弥陀仏の大願業力《たいがんごうりき》という増上縁が「往生の縁」となり、極楽往生が可能になるとする。よって、曇鸞の浄土教に念仏の要素はあまり確認できない。

道綽は「聖道門《しょうどうもん》と浄土門」という独自の教相判釈（教判）を打ち出した。これに従えば、仏教は自力で悟りを開く聖道門と、他力で救われる浄土門に大別でき、末法の世には浄土門が重要であると説いた。では、道綽の主著『安楽集《あんらくしゅう》』で往生の方法がどう説かれているかを確認してみよう。彼は「道綽〝禅師〟」と呼ばれていたので、自《おの》ずと彼が考えた往生の方法は「観仏三昧（＝念仏三昧）」という伝統的な観想の念仏である。

その一方で、道綽は「称名」にも少なからず言及しているが、その称名は、念仏（及び十念）との関係で説かれることの方が多い点に注意しなければならない。では、念仏と称名とはいかなる関係にあるのかというと、称名は念仏の補助的（導入的）な行として位置づけられている。念仏（三昧）は高度な行であり、誰でも実践できるわけではないからだ。これは『観無量寿経』で確認した態度と同じである。

浄土教は中国で独自の展開を遂げたが、ここまでの念仏は基本的に観想の念仏であり、称名も説かれていたが、それは観想の念仏の補助的（導入的）な行でしかなかった。この念仏観を根底から覆したのが、最後に取り上げる善導だ。善導の浄土教は、この後に取り上げる日本の浄土教、とりわけ法然の浄土教に大きな影響を与えたので、詳しくみていこう。

善導浄土教の最大の特徴は「称名を念仏」と解釈したことにある。称名思想は善導以前にも説かれてきており、それは仏教の本国インドでさえ確認できる行だった。そして中国浄土教になると、称名と念仏は次第に接近し、称名は念仏の加行《けぎょう》として、あるいは念仏の導入的な行として機能したが、善導はこの距離を一気に縮めて同一視し、「称名＝念仏」という大胆な解釈を行った。つまり、それまでの「称名と念仏」という関係が「称名が念仏」になったのである。彼の著『観念法門《かんねんぼうもん》』と『往生礼讃《おうじょうらいさん》』では『無量寿経』第十八願を引用するが、そこにはつぎのような〝改読〟が見られる。

『無量寿経』

設し我、仏を得たらんに、十方の衆生、至心に信楽して我が国に生ぜんと欲し、乃至十念せんに（欲生我国乃至十念）、若し生ぜずんば正覚を取らじ

『観念法門』

若し我、仏を成ぜんに、十方の衆生、我が国に生ぜんと願い、我が名字を称して下は十声に至らんに（称我名字下至十声）、我が願力に乗じて、若し生ぜずんば正覚を取らじ

『往生礼讃』

若し我、仏を成ぜんに、十方の衆生、我が名号を称して下は十声に至らんに（称我名号下至十声）、若し生ぜずんば正覚を取らじ

「我が名字（名号）を称して」の新たな付加に加え、「乃至十念」を「下至十声」と改読している。ここに至って完全に称名は念仏と同一視され、「称名＝念仏（称名念仏）」という新たな念仏観が樹立された。同様の読みかえは善導の著書の随処に見られる。ここに至って、念仏は二つの意味を持つことになるので、伝統的な念仏を「観想念仏」、善導が新たに創出した念仏を「称名念仏」と区別するようになる。

さて、善導の浄土教でもう一つ重要なのが「本願念仏」の樹立だ。従来、称名念仏は観想念仏の補助的な行、つまり易行ではあるが、劣行であるとされてきた。しかし、善導はその劣行たる称名念仏を「阿弥陀仏の本願によって往生が約束された勝行《しょうぎょう》」と位置づけ、

「称名念仏すれば必ず往生できる」と明示した。そして、法然はこの「本願念仏」をさらに「選択《せんちゃく》本願念仏」に進化させていくが、それはつぎに取り上げる。

日本浄土教の念仏

浄土教自体は仏教の日本伝来とともに伝わったが、ここでは念仏に焦点を当てて整理しよう。まず取り上げるべきは空也《くうや》である。彼の出現により、念仏は一気に民衆の間にまで広まった。彼は奈良時代の行基《ぎょうき》の系譜に立つ民間仏教の指導者で、京の都では「市聖《いちのひじり》／阿弥陀聖」と呼ばれ、称名念仏を広めたが、特定の宗派に偏ることなく、超宗派的立場を保った。

これまでにみてきたように、念仏には大きく分けて観想念仏と称名念仏の二種がある。平安時代以降、仏教は南都と北嶺《ほくれい》を中心に栄え、この両地にはこの双方の念仏が存在したが、法然以前はいずれも「止の働きを持つ三昧の行」という性格を有していた。南都では観想念仏が主流であったが、称名念仏も行われていた。一方の北嶺では、円仁が入唐《にっとう》し、五台山《ごだいさん》で善導の流れを汲《く》む法照《ほうしょう》流の念仏三昧の方法を学んで帰朝すると、この念仏三昧を四種三昧の中の常行三昧として確立したことはすでにみたとおりである。

また源信《げんしん》は『日本往生極楽記《にほんおうじょうごくらくき》』を著した慶滋保胤《よししげのやすたね》とともに二十五三昧会の結成に関わった。二五名の叡山横川《よかわ》の僧が首楞厳院《しゅりょうごんいん》に集まって結成され、臨終を迎えた仲間を皆で助けて念仏させ、極楽に往生させることを目的とした。その指導原理となったのが、源信の『往生要集《おうじょうようしゅう》』だが、そこでは観想念仏が説かれ、またその導入として称名念仏も説かれているので、両者は伝統的な関係を踏まえている。

しかし、法然はこの両者の関係を逆転させ、称名念仏の優位を説いた。法然は、末法《まっぽう》という時代性に鑑《かんが》み、称名念仏こそが時機相応（時代と、その時代に住む人々に相応すること）の教えであり、誰もが実践できる行（易行）で、なおかつそれだけで往生が可能な行（勝行）と位置づけたのである。

これを主張するには相当な理論武装が必要だったが、では法然はどのような理論で称名念仏の価値を高めたのか。キーワードは「選択」である。法然自身「偏依善導一師《へんねぜんどういっし》」と主張するように、自分の仏教の根拠を善導に求める。その善導は「本願念仏」を説き、称名念仏を往生可能な行と位置づけたが、法然はさらにこれを進化させ、「選択本願念仏」を説いた。つまり末法の時代、往生可能な行として阿弥陀仏は称名念仏だけを唯一往生可能な行として「選択」したというのである。

では「選択」が付くと、念仏の意味づけはどう変化するのか。「本願念仏」は「念仏すれば必ず往生できる」ことを意味するが、これは他の往生の方法を必ずしも否定するものではない。しかし、「選択本願念仏」となると、阿弥陀仏は念仏のみを往生の行として選択したことになるから、「念仏でしか往生できない」となり、他の往生の方法を実質的に否定することになる。「選ぶ」ことは「捨てる」こととセットであり、念仏を「選ぶ」ことは、他の方法は「捨てる」ことになるからである。

ただし「阿弥陀仏だけが選択した」というのでは、根拠が弱いので、法然はその主著『選択本願念仏集（以下、選択集《せんちやくしゆう》）』の最後で「八種選択」を説き、詳細は割愛するが、阿弥陀仏のみならず、仏教の開祖ブッダ（釈迦）も六方の諸仏も皆、念仏を選択したという理論を構築した。これにより、一切の仏が念仏を選択したと解釈したのである。これにより、衆生の機根《きこん》（能力）はすべて「凡夫」に一元化され、またその凡夫が実践可能な行は「称名念仏」に一元化されることになるので、存在価値を否定された既存の伝統教団は法然の仏教を激しく攻撃した。

この法然の教えに心酔した親鸞であったが、彼も師の教えをそのまま受容したのではなかった。法然の教えを継承しながらも、親鸞は往生の根拠について思索をめぐらした。凡夫の罪悪性を深く認識すればするほど、凡夫の側には一片の真実も見出《みいだ》しえなくなる。その凡夫が念仏を称えるということも自らの計らいであるはずがない。こうして、念仏を称える根拠も凡夫の側ではなく仏の側にあると考え、「如来より賜りたる信心」に逢着《ほうちゃく》する。つまり阿弥陀仏より回向《えこう》された信心があるからこそ、一片の真実も見出しえない凡夫が念仏を称えられるのだと親鸞は考えた。

したがって、親鸞は「真実の信心は、かならず名号を具す。名号はかならずしも願力の信心を具せざるなり。このゆへに、論主はじめに我一心とのたまへり」と明示し、念仏よりも信心を重視する。ここでの「名号」は称名、すなわち「行」と置き換えてよい。この一文から、真実の信心は必ず称名を伴うが、称名は必ずしも信心を伴わず、行よりも信が重要視されていることがわかる。内的な信心の獲得は外的には念仏の声となるが、外的な念仏の声は内的な信心の獲得を必ずしも意味しない。つまり、親鸞は称名念仏の本源を信心ととらえるのである。

最後に、一遍《いっぺん》を取り上げよう。彼は「信／行」「自力／他力」など、あらゆる二元論を「名号」によって否定していく「名号絶対主義」的な浄土教なのである（後述）。また彼は「踊り念仏」を実践したので、身体性を重視する。仏教では人間の行為（業《ごう》）を身《しん》・口《く》・

意《い》の三業《さんごう》に分けるが、称名念仏を重視する法然は「口業」、信心に重きを置く親鸞は「意業」、そして踊り念仏を実施した一遍は「身業」重視と、同じ念仏でもそれぞれ重点の置き所が違うのは実に興味深く、念仏の多様性を象徴している。

第三章　出家 vs. 在家——実践の難易度

禅と念仏の歴史的な展開を整理した前二章は、第三章以降を理解する準備作業な位置づけであった。ではここからは、それを踏まえ、禅と念仏の具体的な中身を比較検討してみよう。まず本章では「行の難易」という観点から、両者の出家性と在家性について考える。結論を先に言えば、禅には出家性が、念仏には在家性が認められる。これに関連して、戒律の問題も取り上げることにする。なお、本章以降で「念仏」は「称名念仏」を意味することも断っておく。

師匠とのつながり――インド〜中国

禅の伝統において、師資相承《ししそうじょう》は極めて重要な意味を持つことを伊吹敦《いぶきあつし》［2001］に基づき、紹介しよう。

禅の根拠は坐禅《ざぜん》で成道《じょうどう》したブッダにあり、そのブッダの正統性を担保するには師資相承により、後の仏教徒の正統性がそこにつながっていなければならない。換言すれば、禅仏教を奉ずる者は、自らの正統性の根拠をブッダに求めることになるが、その正統性は師資相承によって自分にまで途切れることなく継承されていると説く必要がある。

また、禅ではこの世での悟りを目指すから、実際に悟っているかどうかは師匠によって判断される。その意味でも師弟関係は重要であり、師匠がいなければ、勝手に悟ったと言い出す出家者を輩出することにもなるので、師匠の存在は重要なのである。これを印可《いんか》という。印可とは「印信認可／印定認可」の略であり、その証《あかし》として作成される書面を「印可状（嗣書《ししょ》）」という。このような伝統は中国禅宗の第五祖・弘忍の弟子たちの唐代にはすでに存在していたと推定される。

また唐代以降、修行者は悟りを目指して各地の禅匠を渡り歩き、修行を積むという形態が確立されていたので、禅匠の実力はそのまま名声に直結した。優れた禅匠のもとには弟子が集まり、名声が上がる。名声が上がれば、それを慕ってまた弟子が集まる。一方、弟子の方は師匠に印可されると、外護者を得て各地で独立し、評判を高めて一派をなすことになる。これはまさに実力主義による自由競争そのものであり、このようなオープンな環境のもとに、個性的な禅匠がこの時期に多く輩出した。

このように本来、師弟関係は固定的ではなかったが、ある寺院が特定の一派によって継承される事態も起こったので、禅宗内における系統（法系）に注目が集まるようになった。こうして法系意識が高まり、嗣書（印可状）の存在が重要になる。嗣書や灯史《とうし》（禅宗の宗派が次週の正統性を主張するために創作された史書）によって師弟関係が明確になると、禅僧たちはいよいよ自身の法系を意識せざるをえなくなり、禅宗全体をいくつかの有力な法系によって代表させるような試みも行われるようになった。

このような面授の師弟関係がいかに重要だったかを伝えるエピソードを一つ紹介しよう。薦福承古《せんふくしようこ》という禅僧は幾人かの禅匠に参じたが功なく、後に雲門文偃《うんもんぶんえん》の語（書物）をみて悟ったため、雲門に嗣法すると公言した。こうした承古の態度は、法系を乱すものとして非難されることになる。つまりここで重要なのは、「悟った」という事実そのものよりも、師匠から直接「面授」によって印可されたという形式なのである。以上の事例からも、中国の禅宗が面授の師資相承にこだわり、面授の嗣法をいかに重要視したかがわかるだろう。

ではなぜ、面授の師資相承が重視されるのか。再びインドに遡《さかのぼ》って考えてみよう。最初に「ブッダにはじまる正統性の担保」について言及したが、さらに重要なことは、その正統性の継承の仕方にある。禅の系統を説明するさい、必ず持ち出されるのが「拈華微笑《ねんげみしよう》」だ。あるときブッダの説法を聞こうとして多くの弟子たちが霊鷲山《りようじゆせん》に集まってきたが、そのときに限ってブッダは何も説法せず、蓮華《れんげ》を拈《ひね》って見せただけであった。みんながポカンとしていると、仏弟子のカーシャパだけは一人にっこり微笑んでいた。そこでブッダは正法をカーシャパに託したという逸話である。

これは後に「教外別伝《きょうげべつでん》／不立文字《ふりゅうもんじ》／以心伝心」などと表現されるが、「真理はブッダの言葉（教え）とは別に、文字を立てず、心から心に直《じか》に伝えられるものである」という禅宗の立場を端的に表している。この逸話のように、「以心伝心」を旨とするなら、心を持った師匠と心を持った弟子が直接対面しなければならず、そこに「言語化された教え」の存在は不要なのである。だから、薦福承古が雲門文偃の語（書物）で悟ることは非難されるのだ。

このように禅宗は系譜を重視し、その系譜の総体を信奉する。それはただ単に系譜の総体を客体として信じるだけではなく、やがては自分もその系譜の一人になることを目指す宗教なのである。ここに禅宗の第一の特徴をみとめることができよう。

道元がこだわった正伝の仏法

この態度は日本の禅宗にも見られるので、確認してみよう。まず宗派の名前に注目する。鎌倉時代には、浄土宗・浄土真宗・時宗・日蓮《にちれん》宗・臨済宗・曹洞宗などの新たな宗派が立ち上がったが、このうち禅宗である臨済宗と曹洞宗は中国の禅宗の名前に起源を持ち、中国の禅宗五家（臨済・潙仰《いぎょう》・雲門・曹洞・法眼《ほうげん》）からその名を取っている。宗派の名前だけみても、禅宗が系譜を重視しているのがわかるだろう。また臨済宗の開祖・栄西も曹洞宗の開祖・道元も中国に留学し、その教えを直接師匠から受け継いでいる点も、これを物語っている。

ではつぎに、道元を手がかりにして、師弟関係および師匠の重要性について整理しよう。まずは正統性の強調から。

すでに指摘したが、禅宗の強みはその正統性だ。道元はその主著『正法眼蔵《しょうぼうげんぞう》』で「正伝の仏法」（正しく伝わった仏法／正統的に伝わった仏法）というように、「正伝」の用例は九十を数える。ブッダ以来、坐禅がいかに由緒ある行であるかを誇示しているのだ。そして正伝の中身は「仏法」だが、それは抽象的であり、直接目に見えない。そこで、この正伝（正統性）を目に見える形で示したものが、「伝衣《でんね》」と「嗣書」である。衣は物質的存在であるから、ブッダ以来、正しく伝承されてきた衣は具体的であり、触ることもできる。また嗣書はブッダから道元に至る正伝の系譜が名前入りで記されているから、自分からブッダまでのつながりを目で確認することもできる。『正法眼蔵』「伝衣」では、つぎのように正統性が強調されている。

仏法を正しく伝える正しい系統によって、仏衣もまた伝わり、受け継がれていく。仏法を正伝する祖師は仏衣を見聞しないことがないということは、人間界にも天上界にもあまねく知れわたっているところである。そういうわけで、仏の袈裟《けさ》の材料・色彩・大きさなどを正伝しており、正しく見聞してきている。このように、仏衣の大功徳を正伝し、仏の命そのものを正伝することは、ただ正しい系統に属する者だけにある。

一方の「嗣書」は、『正法眼蔵』「嗣書」に、つぎのような記述がみられる。

　この仏道は、嗣法のときに必ず嗣書がある。もし嗣法がなければ、それは天然外道に他ならない。もし仏法が嗣法を定めていなければ、どうして今日まで続いていることができようか。だから仏が仏になるときには、必ず仏が仏を嗣《つ》ぐ嗣書が存在しているのであり、その嗣書を手に入れるのである。

以上から、中国禅宗以来の正統性を、師資相承に基づく嗣法に求めていることがわかるだろう。この態度は認可を与える師匠の重要性を強調することにつながる。たとえば『学《がく》道用心集《どうようじんしゅう》』の「参禅学道は正師を求むべき事」では、つぎのように説かれる。

修行の道は導師の正邪に依《よ》る。「機（弟子）」はよい材料と同じであり、師は勝れた芸術家に似ている。たとえよい材料であっても、よい芸術家と出会わなければ、傑作は現れてこない。たとえ曲がった木でも、勝れた芸術家に出会えば、素晴らしい持ち味がすぐに現れる。師の正邪にしたがって、その悟りに真偽がある。それをこの喩《たと》えで理解すべきである。

そしてこの後、正師をつぎのように定義する。

正師を得られないなら、学ばない方がましだ。元来、正師とは、年齢や修行年数に関係なく、ただ正しい法を明らかにし、正師から悟りの証明を得ている人を指す。〔経典等の〕言葉〔の研究〕が優先するのではなく、知的理解が優先するのでもなく、規格外の力量があり、常識を超えた意気込みがあって、自分勝手な見解に拘泥せず、感情に流されず、修行と知的理解が一致している人が、まさに正師である。

禅宗においては、悟るために出家して戒律を保ち（後述）、正しい師匠に師事して修行することが極めて重要なのである。

法然の仏教

念仏を旨とする仏教も宗教であるかぎりは、伝統を無視できない。しかし、この世で悟りを目指すわけではないから、禅宗のような師資相承や、よき師匠に師事することの重要性は低まる。ではまず、浄土宗の開祖・法然を手がかりに師資相承、あるいは師弟関係を考えてみよう。

仏教を含め、宗教は正統性を重視する。ところが、法然には面授の師匠がいなかった。出家して比叡山に登ったときに師事した源光《げんこう》や、戒を授けた叡空《えいくう》は法然の師匠と見なせるが、それは魂を揺さぶるような師匠ではなかった。だから法然は独学で自分の道を切り開き、比叡山黒谷《くろだに》に遁世《とんせい》して大蔵経を五回も読破した結果、唐の善導が著した『観無量寿経《かんむりょうじゅきょう》疏《しょ》（観経疏《かんぎょうしょ》）』の一節を読んで回心（宗教的覚醒《かくせい》）した。法然は「偏依《へんね》善導一師」を標榜《ひょうぼう》する。つまり、法然にとっての直接の師匠は唐代の善導だが、時代も地域も異なる。これは師資相承を重視する仏教において致命的であった。

天皇の許可（勅許）を得ずして浄土宗という新たな宗派を打ち立てた法然は、旧仏教側からの厳しい攻撃に遭う。法然の仏教に対する非難は「興福寺奏状《こうふくじそうじょう》」で九ヶ条にまとめられているが、その最初が「新宗を立つる失」、すなわち勅許を得ずに新たな宗派を名乗ったことなのである。

法然は他宗に倣って中国仏教からの浄土宗の系譜を『選択集』で整理するが、いくら頑張っても、善導から法然への師資相承は不可能である。時間的には五〇〇年ほどの時間差があり、空間的には中国と日本の隔たりがある。しかし、師資相承は大事であり、なんとかこれを確保しなければならない。ではこのギャップをいかに乗り越えたか。それが「夢」だ。夢を介せば、時空を超越して両者の対面が可能になる。以下、その様子を紹介しよう（第五章でも詳しく説明する）。

ある夜、法然は夢の中で不思議な体験をする。一つの山があり、その峰は大きく、南北に長く連なり、西に向いていた。その山の麓《ふもと》には大きな川があり、浄《きよ》き水が北から南へと流れている。山の中腹まで登って西方の彼方《かなた》を眺めると、地上から一五メートルほどの上空に一群の紫雲があり、その紫雲が法然にむかって飛来すると、その中から無量の光が放たれた。

そして光の中から、孔雀《くじやく》や鸚鵡《おうむ》などの、あらゆる宝の色をした鳥たちが飛び出して、四方に飛び散ったり、また川のほとりで遊び戯れている。その鳥たちは体から光を放ち、照り輝いていたが、やがて鳥たちは飛び立ち、もとの紫雲の中に入ってしまった。

その紫雲はさらに北に向かって山河を覆い隠した。あたりに往生した人がいるのかと思案していると、また瞬時に戻ってきて法然の前で止まるではないか。紫雲は次第に拡がって空全体を覆うと、その中から僧が現れ、法然の前で止まった。

その姿は、腰から下は金色、腰より上は墨染めであった。法然が合掌し、「あなたさまはどなたでいらっしゃいますか」と尋ねると、「私は善導である」と答える。法然が驚いて「何のためにお越しになったのですか」と尋ねると、その僧は「あなたが専修念仏を広めるのが尊いので、やってきたのだ」と応答した。その直後、法然は夢から覚めた。これを二祖対面《にそたいめん》という。

現代とは違い、当時の人にとって夢はリアリティを持ち、異界への通路と考えられていたから、こうした夢中の二祖対面は、浄土宗の法脈に正統性を与え、また専修念仏の弘通《ぐつう》にお墨つきを与える話としても機能したと考えられる。念仏の教えの相続に、面授の師匠はそれほど大きな問題にはならない。なぜなら、禅の教えが以心伝心を旨とする厳密な出家性に基づくのに対し、念仏の教えは易行《いぎょう》を旨とする在家性を特徴とするので、その相続に出家者は必ずしも必要ないからだ。ではつぎに、法然仏教の易行性について考えてみよう。

法然は末法という絶望的時代に皆が救われる仏教を追求した。つまり、法然は平等性を重視したので、その行は自《おの》ずと「易行」になる。法然は『選択集』で「造像起塔を往生の条件にすれば貧しい人は往生できず、智慧《ちえ》高才を往生の条件にすれば愚鈍下智の者は往生の望みが絶たれるので、阿弥陀仏は法蔵菩薩《ぼさつ》であったとき、平等の慈悲に催されて、普《あまね》く一切を摂せんがために（中略）唯《た》だ称名念仏の一行を以《もっ》て、その本願とされたのではないか」と指摘する。

法然は「皆が平等に救われる道」をとことん追求した。そこから推論すれば、その行は「易」でなければならないが、易しさは往生を担保するものではない。「易かろう、悪かろう」では往生は叶《かな》わない。そこに「勝（＝確実に往生できる）」という質の保証が伴ってはじめて「往生行」たりうる。法然はその易行の念仏を「阿弥陀仏が特別に選択された勝《しょう》行《ぎょう》」と再解釈した。

親鸞の仏教

つぎに、法然に師事した親鸞の仏教は師弟関係をどう考えているかをみていくが、その前提として親鸞仏教の特徴である「如来より賜りたる信心」について整理する。

師匠の法然に騙《だま》されて地獄に落ちても後悔しないと言い切った親鸞だが、師匠の教えをそのまま受容したわけではなかった。師の教えを継承しつつも、年齢を重ねるにつれ、親鸞は独自の思想を醸成していく。その典型例が「如来より賜りたる信心」だ。法然は、末法という時代に相応した教えとして念仏往生の道を開拓した。これは娑婆《しゃば》から極楽への往《おう》相《そう》の道である。その師の教えに従った親鸞は師匠が開拓した往相の道を真摯《しんし》に歩んだ。

しかし、その先で親鸞が見たのは、圧倒的な阿弥陀仏の慈悲の光であった。それを体験した親鸞にとって、衆生の側には一片の真実も認められなかった。罪悪の塊である自分が念仏など称《とな》えられるはずがない。とすれば、念仏を称える原動力となる信心も私が生じさせたのではなく、如来から頂戴《ちょうだい》したものではないのか。親鸞は救済の根拠について思いを巡らし、「如来より賜りたる信心」に逢着《ほうちゃく》した。つまり、親鸞は極楽浄土から娑婆世界に至る還相《げんそう》の道を整備したのである。こうして、法然が開拓した往相の道と、親鸞が整備した還相の道とを以て、中世の浄土教はひとまずの完成をみた。

では前提を整理したので、親鸞の師弟関係についてまとめてみよう。法然仏教もそうだが、念仏で往生することを強調すれば、往生のために出家する必要はなくなる。「出家者が念仏すれば救われるが、在家者が念仏しても救われない」なら、それは「易行」ではなくなるし、平等性も担保されない。だから、法然は念仏で出家在家を問わず救われる道を示した。法然は阿弥陀仏と衆生が念仏で直結する仏教を確立したので、その間に善知識《ぜんちしき》(僧侶《そうりよ》)や神といった仲介者は不要となる。その結果、出家者と在家者の境界はきわめて曖昧《あいまい》になるというか、無化される。

師匠も弟子も阿弥陀仏に対しては同じ距離になるから、師弟関係は成り立たない。決して師匠が弟子を救うわけではない(救い主はあくまで阿弥陀仏)。だから、法然の教えを受けた親鸞は「親鸞は弟子一人《いちにん》ももたずそうろう」(『歎異抄《たんにしよう》』)と喝破したが、その背景には親鸞独自の思想も影響している。それは「如来より賜りたる信心」だ。

親鸞は信心さえも「如来からの賜りもの」ととらえるから、親鸞の信心も弟子の信心も同じ如来からの賜りものという点で同等になるので、師弟の関係も本来的な意味では成立しなくなる。そして、この考え方を推し進めれば、「同朋《どうほう》／同行《どうぎょう》」という概念に行き着く。

この「同朋／同行」が親鸞の浄土教あるいは浄土真宗を特徴づける重要な概念であることは間違いない。たとえば、親鸞の手紙に注目すると、親鸞独自の言葉遣いが確認できる。それは動詞の後ろに「あう（古文：あふ）」という動詞を重ねる語法だ。たとえば「はからう＋あう＝はからいあわせたまう」や「祈る＋あう＝祈りあわす」という表現であり、同様に「死にあいて／まどわかしあうて／御こころにかけあわせたまう」など枚挙に暇《いとま》がない。

これは「お互いに～しあう」という意味が強められるが、こうした言葉遣いから、手紙を書くさい、親鸞にはいつも信心をともにする仲間（同朋／同行）が意識され、親鸞の周りに信心をともにする仲間たちの輪が存在していたことがわかる。親鸞にとって信心の獲得は、自分一人の出来事で終わらず、それによって「信心海《しんじんかい》」（『教行信証《きょうぎょうしんしょう》』「信巻」）と形容されるような、広大な世界に生まれることを意味する。そして、「信心海」では信心を共有する仲間とともに仏道を歩むという、新しい出発が用意されている（阿満［2011］）。

親鸞が父母兄弟のために一遍の念仏も申したことがない理由として、『歎異抄』は「一切の有情はみなもって世々生々《せせしょうじょう》の父母《ぶも》兄弟なり。いずれもいずれもこの順次生《じゅんじしょう》に仏になりてたすけそうろうべきなり」と説く。この背景にも、親鸞独自の思想、すなわち「如来より賜りたる信心」による衆生（凡夫）の平等性が強く作用していたと考えられよう。

栄西の仏教

ではつぎに、禅仏教における出家性を戒律という観点からみていこう。鎌倉新仏教の宗祖の中でも、栄西は少し特異な立場にある。まずはそれを確認する。中世当時の正統仏教は南都北嶺などの伝統宗派（南都六宗と真言宗・天台宗）であり、それに異を唱えたのが鎌倉新仏教の宗祖たち、すなわち異端の宗教家である。問題はこの異端派をどうとらえるかであるが、つぎのように図示できる（末木［1998］を元に作成）。

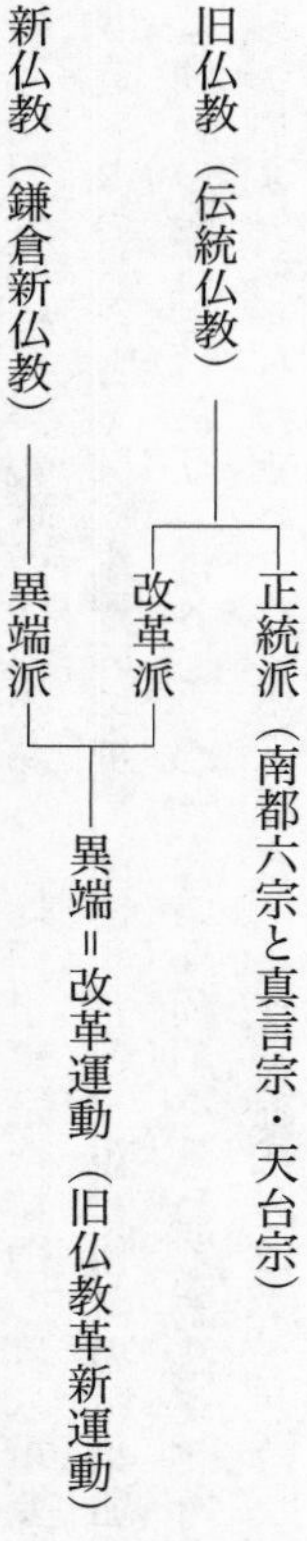

この中で、法然・親鸞・道元・日蓮は新仏教（鎌倉新仏教）の異端派に分類できるが、栄西はここには属さず、旧仏教（伝統仏教）の改革派に属する。また栄西の仏教には護国思想が見られる。彼の主著『興禅護国論《こうぜんごこくろん》』は禅そのものより、戒および禅の清規《しんぎ》（禅宗の規範を定めたもの）に重点を置く。栄西が宋《そう》の禅寺で最も感銘を受けて学んできたことは、禅そのものというよりは、禅寺の規則正しい生活であった。

栄西の活動は南都の戒律復興運動と軌を一にしており、とくに宋から新しい律をもたらす俊芿《しゅんじょう》の活動とも関係する。要するに、栄西は禅を重視しながらも、その主眼は坐禅という行そのものではなく、あくまで戒律の復興によって当時の腐敗した仏教界を再興し、ひいてはそれが国を護《まも》ることにつながると考えた。

よって栄西の仏教は、禅とともに戒律を重視する。栄西は『興禅護国論』第三章で、「なぜ禅宗はしいて戒を勧めるのか」との問いに対し、『遺教経《ゆいきょうぎょう》』の「戒に依って禅を生じ、慧を生ず」（この経文はこの後もしばしば引用される）、また智顗の『摩訶止観』の「悪を破するは浄慧に由り、浄慧は浄禅に由り、浄禅は浄戒に由る」を引用し、三学という修道体系の最初に位置する「戒」を護ることの重要性を強調する。さらに第七章では、三学の関係がつぎのように如実に説かれている。

凡夫〔の域〕を超えて聖者〔の位〕に入るには、必ず禅定《ぜんじょう》が前提となる。行住坐臥《ざが》〔の所作〕にあっては、禅定の力にこそ依るべきであり、これが最も急務である。もし禅定を成就しようと願うなら、必ず戒の実践に依らなければならない。戒律なくして禅定を得るなどという道理はありえない。

このように、栄西の仏教はこの正統的な三学という仏教の修道論に基づき、智慧の獲得のために、戒と定（禅）とを重視し、とくにその最初に位置づけられる戒を重んじたことは、『興禅護国論』の他の箇所で、「参禅問答は、戒律を先と為す」（第一章）、「是《こ》の故に、禅宗は戒を以て先と為《な》す」（第三章）、「是の故に、此《こ》の宗（禅宗）は仏戒を以て師と為す」（第三章）、「西方（インド）の常理、戒浄を基と為す」（第七章）などと述べていることからも理解できよう。

道元の仏教

つぎに道元の仏教をみていくが、戒律の問題を論ずる前に、まず道元の『正法眼蔵』から、禅の出家性を確認しておこう。道元の仏教を時系列で概観すると、初期の頃には在家性も確認されるが、年齢を重ねるほど、その在家的性格は後退し、代わって出家的性格が前面に出る。たとえば、道元四五歳のときに著された『正法眼蔵』「三十七品菩提分法《さんじゅうしちほんぼだいぶんぽう》」は、出家主義を鮮明に打ち出す。

そこでは、戒を持ち、智慧のある在家者よりも、破戒や無戒で、法もなく智慧もない出家者の方が勝れているとする。道元はその理由を「僧としての生き方そのものが、すなわち智慧であり、悟りであり、道であり、法であるからだ。（中略）釈尊の時代でも在家者で仏道を体得した者はいない」と説く。また『正法眼蔵』「出家」では「出家の破戒は在家の持戒に勝る。在家の戒は解脱のためにならないからだ」と言うが、これは出家と在家の違いを端的に示している。また別の理由として、在家の生活にはさまざまな障害があることも挙げられる。さらに、道元はつぎのようにも説く。

僧には、仏という僧、菩薩という僧、声聞《しょうもん》という僧などがある。出家していない者が仏法の正しい行道を嗣ぐことはないし、仏法の大道を正伝することはできない。在家の男性信者や女性信者が仏道を学んだとしても、まだ仏道に達したという先例はない。仏道に達したときには必ず出家している。出家に耐えられない輩《やから》がどうして仏の位を嗣げようか。

このように、道元は出家を重視し、在家者で悟りを得ることはないと断言する。この出家性を担保するのが戒律だから、つぎに道元の戒律観をみていく。

正伝の仏法を標榜する道元が、戒を無視するはずがない。それは仏教の開祖ブッダ以来の伝統であるからだ。では『正法眼蔵』「受戒」の内容を紹介しながら、道元の戒に対する態度を確認する。まず、その冒頭で、宋の慈覚《じかく》禅師の『禅苑清規《ぜんえんしんぎ》（禅寺の規範）』を引用した後、それを解説してつぎのように述べる。

インド・中国で仏祖が相伝してきたところでは、必ず仏法に入る最初に受戒がある。戒を受けなければ、諸仏の弟子ではないし、祖師の児孫ではない。「過を離れ悪を防ぐ」ことを「禅に参じて道を問う」こととするからだ。「戒律を先と為す」という言葉はすでにまさしく正法眼蔵なのである。「仏となり、祖となる」ことは、必ず正法眼蔵を伝持することによるので、正法眼蔵を正しく伝える祖師は必ず仏の戒を受持するのであり、仏の戒を受持しない仏祖は存在しない。如来にしたがって戒を受持し、あるいは仏弟子にしたがって戒を受持することは、すべて〔仏祖の〕命脈を継承していることになる。

ここに、道元の戒に対する態度が明示されている。この後、道元は具体的な受戒の作法に言及するが、その内容は十六条戒と呼ばれる。それは、三帰・三聚浄戒《さんじゅじょうかい》・十重禁戒《じゅうじゅうきんかい》であり、これを合わせて十六条戒という。

三帰とは、仏教の三宝に帰依を表明することで、インド仏教以来、仏教徒になるための入門儀式の最初がこれであることはすでに確認済みである。

つぎの三聚浄戒とは、「摂律儀戒《しょうりつぎかい》（止悪：悪を離れること）」、「摂善法戒《しょうぜんぼうかい》（行善：善を実践すること）」、そして「摂衆生戒《せっしゅじょうかい》（利他：衆生を利益すること）」の三つを指す。これは菩薩戒の一つの帰結と考えられ、中国や日本の大乗戒思想の展開に大きな影響を与えた（沖本[1981]）。とくに中世以降、日本仏教で重要な大乗仏教の戒は円頓戒《えんどんかい》（天台宗や浄土宗に伝わる最高の大乗戒で、その具体的内容は三聚浄戒）であり、この戒がさまざまな利他行を実践する根拠となる。出典は世親《せしん》（ヴァスバンドゥ）が著した『十地経論《じゅうじきょうろん》』（『十地経』の注釈書）あたりと考えられている。

そして最後の十重禁戒は中国撰述《せんじゅつ》の偽経『梵網経《ぼんもうきょう》』に説かれているが、その具体的な内容はつぎのとおり（齊藤［2017］）。

①殺《せっ》戒

衆生を故意に殺さず、また人にも殺させず、むしろ慈悲心と孝順心をもって適切な手当てを用いて救済し擁護する

②盗《とう》戒

一切の財産を故意に盗まず、また人にも盗ませず、むしろ仏性の孝順心と慈悲心をもって、一切衆生を扶助して幸福と安楽を施す

③淫《いん》戒

異性に対して故意に淫をせず、また人にも淫をさせず、むしろ孝順心と慈悲心をもって、一切衆生を救い、罪なき清らかな行為、自行化他《じぎょうけた》をもって接する

④妄語《もうご》戒

虚偽の言葉を語らず、また人にも虚偽の言葉を語らせず、むしろ正しくものごと

を見つめ、正しい言葉を用い、さらに一切衆生にも正しく見、正しく語るようにさせる

⑤酤《こ》酒《しゅ》戒

顛倒《てんとう》・昏迷《こんめい》・作罪の原因となる酒類を販売することなく、また人にも販売させず、むしろ一切衆生に道理に明るく分別ある智慧を生じさせる

⑥説《せっ》四《し》衆《しゅ》過《か》戒

四衆（出家菩薩・在家菩薩・比《び》丘《く》・比丘尼）の過失を吹聴せず、また人にも吹聴させず、むしろそのような人を見かけたならば、慈悲心をもって教え導き、大乗仏教の善信を生じさせる

⑦自《じ》讃《さん》毀《き》他《た》戒

自らの功徳を称賛し、他者の過悪を謗《そし》らず、また人にもそうさせず、むしろ自分が謗りを甘んじて受け、称賛は他者に対して施す

⑧慳《けん》惜《じゃく》加《か》毀《き》戒

物品を求める貧者や仏法を求める信者に対し、悪しき心や怒りによって施しを惜しんだり罵《のの》ったりすることなく、また人にもそうさせず、むしろ求めてくる者に

は惜しみなく与える

⑨瞋心不受悔戒《しんじんふじゅげ》

粗暴な言葉で人を罵り、手や武器によって危害を加えることなく、また他人の謝罪に対しては、怒りの心をもってこれを拒絶することなく、人にもそうさせず、むしろ怒りや争いのない善根と慈悲心をもって接する

⑩謗三宝戒《ほうさんぼう》

三宝（仏・法・僧）を誹謗《ひぼう》せず、人にも誹謗させず、むしろそのように誹謗する外道・悪人・邪見の人を見たならば、信心と孝順心を生じさせる

このように道元も戒律を重視するが、正伝の仏法を標榜するなら、インド以来の三学観は無視できないから、当然のことながら、禅と同様に戒律も重視することになる。ただし、栄西と道元では三学観に違いが見られる。栄西は伝統的なインド以来の三学観、すなわち戒律と禅定《ぜんじょう》を手段として智慧を獲得すると考えるのに対し、道元は「修証一等《しゅしょういっとう》（坐禅を修することと証〔悟り〕とは一つで等しい）」の立場から、坐禅がそのまま悟り（＝智慧）と説くので、禅定は智慧を獲得する手段とは見なされない。

念仏と戒律

法然は終生独身を保って持戒し、三昧発得《さんまいほっとく》（精神集中による宗教体験）し、また智慧第一の法然房と称されたので、三学すべてを兼備したが、その法然は自らを「三学非器（三学の器に非《あら》ず）」と厳しい自己評価を下した。末法の世に誰でもが実践でき、誰でも往生可能な行として易行の称名念仏だけを選び取ったので、戒律は往生の行から外されるのは当然である。確かに法然は他者に対して授戒をしばしば行ったが、決して持戒を往生の条件とはしなかった。

その法然の教えを受けた親鸞は、妻帯して子供も儲《もう》けたので、戒律に否定的な態度を取ったことは言うまでもない。では、持戒に対する親鸞の態度を確認してみよう。親鸞は自らを「無戒名字の比丘」と呼んだ。この場合の「無戒」は何を意味するのか。

仏教の下降史観（時代が下るにつれて時代が悪くなること）は「正法《しょうぼう》／像法《ぞうぼう》／末法《まっぽう》」の三区分で示され、その内容は「教・行・証」という視点から各時代が位置づけられるが、最澄の撰《せん》とされる『末法灯明記《まっぽうとうみょうき》』はこれを「戒」という視点から整理する。正法の時代、破戒の比丘は戒律を保っている者を汚すので、仏は破戒の出家者を戒め、清浄なる僧団に入ることを許さない。だが、像法の時代の前半では、持戒の出家者は徐々に減少し、破戒の出家者がその数を増す。そして後半には、持戒の出家者は激減し、代わって破戒の出家者が激増する。

ついに末法の時代を迎えると、持戒の出家者はまったく存在しなくなる。仏はこの時代の人々を救済すべく、名ばかりの僧（名字の僧）をも讃《たた》えて福田《ふくでん》とした。つまり、正法は「持戒」、像法は「破戒」、そして末法は「無戒」となる。「破戒」は戒の存在が前提となるが、末法は戒自体が存在しないので、それを破る（破戒）ということ自体が存在しないため「無戒」と呼ばれる。

そして末法の時代には、名前だけの出家者であっても、これを世の宝にするという。なんとも情けない状況だが、親鸞は『教行信証』「化身土《けしんど》巻」でこの『末法灯明記』を引用し、「戒律」はまったく意味がないと悟り、無戒の出家者こそ世を救う宝と考え、自らを「無戒名字の比丘」と名乗った（中山［2009］）。

また親鸞が「無戒名字の比丘」を名乗ったことには、当時の伝統仏教に対する批判が込められていた。王法（政治）と仏法（宗教）との関係はインド仏教以来、議論されてきたが、外来宗教の仏教が日本に伝わって以来、それは国家の管理下に置かれた。正式な出家者となることも新たな宗を立てるのも、国家や天皇の許可が必要だった。したがって、戒に対してどれほど厳密な意味づけと実践がなされたとしても、それはもはや王法（国家）の体制を補完するものとしてしか機能しなかった。

親鸞が「非僧非俗」（後述）の「愚禿（非僧）釈親鸞」を名乗ったのは、国家権力によって、法然が讃岐《さぬき》に、親鸞が越後《えちご》に配流となったことがきっかけだったが、そのような国家（およびその国家の言いなりになっている伝統仏教）の政治権力に対し、親鸞は「無戒名字」をもって問題提起をした（三木［2009］）。

だが「無戒」と開き直ったからといって、親鸞が倫理をまったく無視したわけではない。浄土真宗では「本願ぼこり（阿弥陀仏の本願をほこり、それに甘えて造悪無碍《ぞうあくむげ》（悪を造っても往生の碍《さまた》げにはならぬという考え方）を行うこと）」が厳しく戒められているからである。

浄土仏教における出家の意味

本章を締めくくるにあたり、浄土仏教における出家の意味を考えてみよう。すでにみたように、禅仏教と違って浄土仏教では出家者と在家者の境界が曖昧、あるいは無化された。つまり「往生」に関して両者にはいかなる区別も存在しない。出家者も在家者も等しく念仏で往生できるからだ。だが、その場合、浄土仏教における出家者の存在意義が問題になる。浄土仏教において出家することの意味は何か。まずは浄土宗から。

結論を先取りすれば、浄土宗における出家の意義は菩薩行の実践、すなわち〝利他行〟しかない。利他行を自らの喜びとする者だけが出家すればよいし、利他行をしない者、あるいは利他行を自らの喜びとしない（できない）者は還俗すべきである。還俗しても念仏すれば往生は約束されている。何の心配も要らない。念仏で往生が約束されているにもかかわらず、わざわざ出家するのは、自己の喜びが他者を喜ばせることにあるからだ。「自らが体験した念仏往生の喜びを他者に伝えたい、他者と共有したい」、そういう気概のある者だけが出家すればよいし、その気概がないものは出家しなくてもよい、というか出家すべきではない。

浄土宗では一人前の僧侶になるための修行を「加行《けぎょう》」といい、これを完了すれば一人前の僧侶となるが、その最後で宗脈と戒脈が伝えられるので、加行のことを伝宗伝戒道場とも言う。伝宗とは一宗の根本義を伝えること、伝戒とは浄土宗に伝承されている戒、すなわち円頓戒を伝えることだが、この円頓戒の内容こそ、さきほどみた三聚浄戒である。その中に「摂衆生戒」が含まれているということは、浄土宗の在家信者はともかく、浄土宗の出家者は〝菩薩〟として積極的に利他行を行わなければならない。それを仏前で誓っているからだ。他者に対して念仏の教えを説き、また念仏の余勢として利他行を実践し、他者の幸せに貢献することを自らの喜びとするという「自利即利他」の大乗精神こそが、浄土宗僧侶の存在意義と言えよう。

法然に多大な影響を与えた中国唐代の善導の書に「自信教人信　難中転更難　大悲伝普化　真成報仏恩（自ら信じ人をして信ぜしめることは難事の中でも更にいっそう難事であるが、大悲を以て伝え、普く教化することは、本当の意味で仏の御恩に報いることになる）」という偈《げ》文《もん》がある。「自信（自ら信じる）」は在家信者の立場として充分だが、出家者はそれに加えて「教人信（人を信じさせる）」という利他行が求められ、その利他行の実践こそが「真の意味で仏の恩に報いる」となる。

真宗から「浄土宗は不徹底」と揶揄《やゆ》されることの一つが、この受戒である。念仏往生や専修念仏を説きながら、受戒しているからだ。だが、この受戒は決して〝往生のため〟ではなく、出家者の〝資質〟に関するものとしてある。だから真宗とは違い、浄土宗の出家者は明確に利他行を「しなければならない」のである。

つぎに浄土真宗のケースを考えてみよう。親鸞が非僧非俗の生活を送ったことは有名だ。

これまでまとめた内容から「非僧」は理解できるが、ではなぜ「非俗」にこだわったのか。この点が重要だ。

これは『教行信証』「化身土巻」の後序にみられるが、「非僧」とは、建永《けんえい》の法難（承元《じょうげん》の法難）によって、法然が讃岐に、親鸞が越後に流罪に処せられたさい、僧籍を剝奪《はくだつ》され、「僧尼令《そうにりょう》」に基づく国家公認の僧侶でなくなったことを意味する。では、「非俗」はどうか。

これにはさまざまな解釈があるが、私はこれを親鸞の僧侶（出家者）としての〝矜持《きょうじ》〟と理解する。この問題を考えるには、当時の出家者の様態を知る必要がある。というのも、親鸞の「非俗」はこれと表裏の関係にあるからだ。

当時の出家者は外見的には、剃髪《ていはつ》して袈裟を着用し、出家者としての威儀や体裁を整えてはいるが、内面的には仏教の教える因果の道理から外れ、占いや祓《はら》えに凝り、日の吉凶に左右され、本来の役割を果たしていなかった（阿満［2011］）。しかし、これは精神論ではなく、社会構造的な問題にも起因している。日本の仏教は国家仏教として出発し、出家者の基本は「官僧」であったからだ。

官僧とは国家公務員的な僧侶で、国家的な祈禱《きとう》に携わるかわりに、国家からの給付を受けていたので、悩める人々の個人的な救済願望に応《こた》えたり、在家信者を組織して信者からのお布施を期待したりする必要はなかった。天皇から得度を許可され、国立戒壇で受戒して一人前となり、僧位・僧官をもらって国家的法会に参加する官僧に仏教本来の役目を果たせるわけがない。この官僧に対抗して登場したのが「遁世《とんせい》僧」であり、鎌倉新仏教の宗祖たちはこれに属する。

このような当時の僧（とくに官僧）の堕落ぶりに対し、親鸞には「自分こそ真の出家者なり」という矜持があり、それが「非俗」の立場を取らせたと私は考える。「真の出家者」とは、具体的にはさきほどみた「末法における利他行の実践者」である。

一方、佐々木《ささき》徹真《てつしん》［1956］は親鸞の非僧非俗について、興味深い解釈をおこなっている。佐々木によれば、非僧非俗とは「無戒名字の比丘（戒律を保たない名前だけの出家者）」の自覚に立ち、僧俗や出家在家を超えた新たな仏教の立場を示し、寺院仏教を脱皮した歴史的意義を持っていると指摘する。仏教は「八不中道《はっぷちゅうどう》」に代表されるように、「不一不異／不生不滅」などと説く。それは単に両極を否定するのではなく、その両極の否定は「第三の立場（中道／空）」を明示するための表現であるから、親鸞の非僧非俗は「出家／在家」を超えた第三の新たな立場の表明とも理解できる。

これを「半僧半俗」と比較してみよう。弁証法で言えば、「半僧半俗」は正と反の中間を意味し、「どっちつかずの中途半端な状態」でしかないが、「非僧非俗」は正と反とを止揚した合、すなわち、今までにはなかった〝新たな立場〟を意味する。親鸞は「非僧」で伝統仏教の出家者を批判し、「非俗」で真の仏弟子として生きる決意を表明したのではないか。

第四章　悟り　vs.　救い——宗教的ゴール

第三章では、禅仏教の出家性と念仏仏教の在家性を確認したが、その目指すべきゴールも「悟り／救い」という好対照をなす。言うまでもなく、禅仏教は悟りを、念仏仏教は救いを目指す。よって本章では、「宗教的ゴール」という観点から二つの仏教を比較し、互いを鏡にして双方の特徴を明らかにする。

禅仏教の人間観

本論に入る前に、前提となる両者の人間観を比較してみよう。結論を先に言えば、当然のことながら、悟りを目指す禅仏教には肯定的な人間観が、救いを求める念仏仏教には否定的な人間が、確認されるであろう。では、まず禅仏教の人間観から整理するが、ここでは禅仏教を代表して、道元の人間観を、道元の弟子である懐奘《えじょう》の『正法眼蔵随聞記《ずいもんき》（以下、随聞記）』から紹介する。『随聞記』にはつぎのような記述が見いだせる。

・仏も祖師も皆、もとは凡夫だった。凡夫のときは必ず悪業もあり、悪心もあった。鈍くもあり、愚かだった。しかし皆、それを改めて指導者に従い、仏の教えと仏の行いに従ったので、皆仏となり祖となった。今の人もそうでなくてはならぬ。自分

は愚かだからといって、卑下してはならぬ。（中略）求めれば、必ず得られるのだ（一・一三）

・最初から道心のある人など誰かあろうか。ただこのように起こしにくい道心を起こし、行じにくい仏道を行ずれば、自《おの》ずと進歩するのである。人は皆、仏性があるのだ。いたずらに卑下してはならぬ（二・一三）

・人が生まれつき鈍いというのは、やり遂げようとする気持ちが徹底していないときのことである。（中略）懸命に励み、志を貫徹すれば、悟りを得ない者は一人もいないはずだ。なまじ世智《せち》に長《た》けた小賢《こざか》しい者より、鈍根なようでいて、ひたむきな志を起こす人の方が、かえって早く悟りを得るものだ（三・一七）

・仏在世の人々が皆、生まれつき勝れていたのではない。大乗小乗の律蔵《りつぞう》によって出家者たちを調べてみると、思いもよらぬ、道に外れた心を起こす者もあった。それでも皆、後には道を得て阿羅漢《あらかん》となった。してみれば、自分たちも悪く劣っているといっても、発心して修行すれば、道を得ることができるのだと知って、発心するのである（五・五）

・仏教で正法・像法・末法を立てるのは、一つの方便にすぎぬ。真実の教えは、そうではない。教えにしたがって修行すれば、皆悟れる。（中略）人は皆、仏法の器である。その能力がないと思ってはならない。教えにしたがって行ずれば、必ず悟ることができる（五・八）

・仏道においては、慈悲や智慧《ちえ》がはじめから具わっている人もある。たとえ具わっていなくても、修行すれば身につくのだ（六・一）

現在は凡夫で愚かであっても、努力して修行すれば誰でも悟れるという前向きな人間観が見られる。この努力を肯定する道元の立場は、道元独自の立場ではなく、ブッダ以来の人間観に基づいている。それをここで確認してみよう。

ブッダが「生まれ」ではなく「行い」を重視したことは有名である。古代インドの正統宗教であるバラモン教には、ヴァルナ（カースト）という固定した閉塞《へいそく》的な身分制度があった。これは先天的な生まれが人間の価値を決定すると説くので、生まれた後にどのような行為をするかという後天的な要素は完全に否定される。とすれば、努力には意味がなくなるので、自ずと世間は閉塞的になる。ブッダはこれを嫌い、人間の価値は「生まれ」ではなく「行い」で決まると説いた。これは当時の社会常識であったヴァルナ制度に反旗を翻すものであり、当時としては画期的な人間観を提示したことになる。

この他にも、ブッダの人間観を如実に表す事例を紹介しよう。古代インドで、人間の幸不幸（苦楽）の決定に関しては、以下の三つの見解があった。

①宿命論：運命によって決まっている
②神意論：神の意思によって決まっている
③偶然論：いかなる法則性もない

ブッダはこれらをすべて否定し、第四の立場として行為論（＝精進論）を説いた。つまり、人間の行為こそが幸不幸を決定する要因であると説いたのである。換言すれば、善業を行えば楽が、悪業を行えば苦が生じることになる。

これは「過去→現在」という次元で見れば運命論に近いが、「現在→未来」という次元で見れば、努力の余地はあるから、自分の運命は自分で切り開けることになる（運命論は、過去の行いが現在のみならず未来をも拘束すると説く）。このようにブッダは努力（精進）によって未来は変えられると説いたので、人間は現在から未来に向かっては平等に同じスターラインに立つことができるが、道元の人間観はこのブッダ以来の人間観に立脚していることがわかるだろう。

念仏仏教の人間観

では、これと対照的な念仏仏教の人間観をみてみよう。念仏仏教は仏による救いを目指すので、自分に絶望することが求められる。自分の力（自力）で何とかしようという気持ちがある間は、仏の救済力を絶対的に頼むことなどできないからだ。

中国の浄土教家で、この傾向が顕著に見られるのは善導である。善導の書は「懺悔《さんげ》」の精神で貫かれており、懺悔は善導の仏教の特徴でもある。その端的な例を一つだけ紹介しよう。それは『往生礼讃』に見られる「三品《さんぼん》の懺悔」だ。ここでは、懺悔が上・中・下の三品にわたって説明されている。

懺悔に上中下の三種がある。上品の懺悔とは、身の毛穴から血が流れ、眼の中から血が出るのを上品の懺悔と名づける。中品《ちゅうぼん》の懺悔とは、体中の毛穴から熱い汗が出て、眼の中から血が流るのを中品の懺悔と名づける。下品の懺悔とは、全身が熱くなり、眼の中から涙が出るのを下品の懺悔と名づける。（中略）涙が流れたり、血が流れなくても、ただ心の底から懺悔する者は、上品と等しい。

想像を絶する懺悔だが、このような表現は善導の観念的な記述というより、善導の実体験に基づいているとも考えられる。一方、善導は現実的な凡夫の存在を常に意識し、心の底から素直になされる懺悔は上品の懺悔と同じであるとも指摘している。

つぎに、法然の人間観をみてみよう。法然は自己も含め、末法の世に住まう人間を「凡夫」と一元化し、その凡夫が救われる道は念仏しかないと説いたので、自ずとその人間観は否定的になる。ここでは人間一般というよりも、法然自身の自己評価から法然の人間観を垣間見《かいまみ》たい。

終生独身を保って持戒し、三昧発得《さんまいほっとく》し、また智慧《ちえ》第一と称された法然が、自らを「三学非器（三学の器に非《あら》ず）」と厳しい自己評価を下したことはすでに指摘した。この言葉が発せられた回心直前の法然の悲痛な絶望感を、『勅伝』六から紹介しよう。

およそ仏の教えは数多くあるが、つまるところは、戒・定《じょう》・慧という三種の修行方法以外にはない。（中略）ところが私（法然）自身は、戒の修行については一つの戒すら守ることができず、禅定についても一つもこれを体得していない。ある高僧が解釈して、「戒が浄《きよ》らかでなければ、対象に心を集中する境地は現れてこない」と言われた。また凡夫の心は物事を見聞きするにつれて移ろい易い。たとえば、猿が枝から枝へと渡っていくようなものだ。本当に散乱して動きやすく、心を静めることは難しい。〔そんなとき、〕煩悩に染まらない正しい智慧が、どうして起ころうか。もし煩悩に染まらない智慧の剣がなければ、どうして悪業や煩悩という絆《きずな》を断ち切ることができようか。もし悪業や煩悩という絆を断ち切らなければ、どうして迷いの境涯に縛り付けられている身を逃れることができようか。本当に悲しいことだ。本当にどうすればよいのだ。ここに我々のような者は、とても戒・定・慧の三学〔を修める〕器ではない（三学非器）。この三学以外に私の心に見合う教えがあるだろうか、私の身に堪えられる修行があるだろうかと、あらゆる智者に〔それを〕乞《こ》い求め、多くの学僧に問い尋ねたが、教えてくれる人もなく、示してくれる仲間もいなかった。

この絶望感により自力をすべて放下したからこそ、善導の書に導かれ、阿弥陀仏による救済の仏教を樹立しえたのである。

ではつぎに、同じく自己評価を手がかりに親鸞の人間観を紹介しよう。『教行信証』「信巻」で、親鸞は人間を「一切の群生海、無始よりこのかた、乃至《ないし》今日今時に至るまで、穢《え》悪汚染《あくわぜん》にして清浄の心なし。虚仮諂偽《こけてんぎ》（真実に反したいつわりとへつらい）にして真実の心なし」ととらえる。

他にも、「十方《じっぽう》衆生、穢悪汚染にして清浄の心なし。虚仮雑毒にして真実の心なし」（『浄土文類聚鈔《じょうどもんるいじゅしょう》』）、「煩悩具足の衆生は、もとより真実の心なし、清浄の心なし、濁悪邪見《じょくあくじゃけん》のゆえなり」（『尊号真像銘文《そんごうしんぞうめいもん》』）とも言う。「人間の側に清浄なるものや真実なるものは欠片も存在しない」というのが親鸞の基本的人間観だ。親鸞はこの「人間」に自己を含めるのは当然だが、こと自己の省察になると、さらに厳しい。『教行信証』「信巻」をみてみよう。

じつに身をもって知った。悲しいことに、愚禿親鸞《ぐとくしんらん》（私）は愛欲の広い海に沈み込み、名利の大きな山に迷い込んでしまって、成仏が確定している人々の仲間に入ることを喜ばず、真実の悟りに近づくことを快く思わない。恥ずかしいことだ、悲しいことだ。

また『正像末和讃《しょうぞうまつわさん》』の最後にある「愚禿悲歎《ひたん》述懐」一六首は、親鸞が悲しみ嘆いて述懐したものだが、ここにはつぎのような表現がみられる。最初の三首を紹介しよう。

浄土真宗に帰すれども　真実の心はありがたし　虚仮不実のわが身にて　清浄の心もさらになし（一）

外儀《げぎ》のすがたはひとごとに　賢善精進現ぜしむ　貪瞋邪偽《とんじんじゃぎ》おおきゆえ　奸詐《かんさ》ももはし身にみてり（二）

悪性さらにやめがたし　こころは蛇蝎《じゃかつ》のごとくなり　修善《しゅぜん》も雑毒なるゆえに　虚仮の行とぞなづけたる（三）

このように、念仏仏教は人間を「宿業《しゅくごう》（悪業）」に縛られてがんじがらめとなり、自力では救いようのない存在」ととらえる。業に関しても、対照的なのが禅仏教だ。『随聞記』では道元の善悪観がつぎのように説かれている。

本来、人の心に善悪はない。善悪は縁にしたがっておこる。（中略）心には一定の形が決定的にあるわけではなく、縁にひかれてどうにでもなる。だから、心は善縁に逢《あ》えば善《よ》くなり、悪縁に近づけば悪くなる。自分の心が元来、悪いと思ってはならぬ。ただ善縁にしたがうべきなのだ。（中略）仏道を学ぶ人は、道心がなくても、立派な人に近づき、善縁に逢って、同じことを何度も見聞すべきである（六・五）。

ここに宿業という暗い影はない。心は本来、善悪無記であり、縁にしたがって善くも悪くもなるから、悪縁を絶ち善縁に近づけと説く。つまり、禅仏教の人間観では「現在→未来（人は現在の業を変えることで未来は切り開ける存在）」という方向が強調されるのに対し、念仏仏教の人間観は「過去→現在（人は過去の悪業に拘束された、意のままにならぬ存在）」という方向が前面に出て、好対照をなす。

禅仏教による念仏仏教の批判

念仏仏教は三時説の末法思想を前提とする。末法という危機的時代だからこそ、いかなる修行を以《もっ》てしてもこの世で悟りを開くことはできないから、末法の世に生を受けた我々はまず念仏して極楽に往生し、そこで修行して悟りを開くことを目指すのである。つまり、禅仏教か念仏仏教かは、この末法思想と深く関わっていることになる。そこで、禅仏教が末法思想をどうとらえていたかを整理しておこう。まずは栄西から。

栄西は末法を認め、末法に機縁ある法としてブッダは坐禅《ざぜん》を説いたとし、坐禅こそが末法の世にふさわしい行であると説く。栄西は『興禅護国論』で諸経論《きょうろん》を引用し、悟りを得るには修禅が第一と考え、称名念仏も禅によるのでなければ、次生で悟りを開くことはできないとする。このように、栄西は同じ末法思想に立脚しながらも、末法の世にふさわしい行は、念仏ではなく禅であるとする。

一方、同じ禅仏教でも道元は、栄西と違って末法自体を認めない。『随聞記』五では「仏法で正像末〔の三時〕を立てるのは方便である。真実の教えはそうではない」と末法を方便として斥《しりぞ》け、さらに法然や親鸞の人間観をつぎのように否定する。

世間の人は多くつぎのように言う。学道の志はあっても、今は末法であり、人の能力は低下し、『私の能力は劣っている。法に適《かな》った修行に耐えることはできない。ただ、ずいぶん安きについて、結縁《けちえん》を思い、他の生涯で悟ることを期待しよう』と言う。これはまったく間違っている。（中略）仏在世の出家者でさえも、すべて優れた機根《きこん》の者ばかりではなく、あさましき下根《げこん》の愚かな者もあった。そのために仏はさまざまな戒法を説かれたのだ。人は畜生とは異なって、すべての者は皆、仏法の器である。修行すれば必ず悟りを開くことができる。

道元はあくまでも現在から未来を見据え、努力すれば悟りを開けると、前向きに人間をとらえようとする。だから易きに流れることを『永平初祖学道用心集《えいへいしょそがくどうようじんしゅう》』でつぎのように難詰する。

今の人が好む易解易行《いげいぎょう》の法は、世法でもないし仏法でもない。悪魔の行にも及ばないし、外道や二乗（声聞・独覚）の行にも及ばない。凡夫を迷妄させること甚だしい教えであって、たとえ生死の世界より出離（厭《いと》い離れること）すると説いてはいるが、かえってこれは終わりなき輪廻《りんね》を繰り返すだけである。

このように、道元は法然が説いた念仏という易行に手厳しい批判を下す。批判はこれで終わらない。道元は『正法眼蔵』「弁道話《べんどうわ》」においてさらにこう言い放つ。

経典の読誦《どくじゅ》や専修《せんじゅ》念仏を実践して得られる功徳を、お前は知っているか。ただ舌を動かし、声を出すのを仏事の功徳と思っているなら、実に儚《はかな》いことである。仏法に似ているが、その実、仏法からは遙《はる》かに遠く、実に仏法から遠ざかっている。春の田で蛙が昼夜を問わずひっきりなしに口を動かし声を上げて啼《な》いているようなものだ。何の利益もないことである。

ブッダ以来の仏法を正しく伝持するという矜持を持つ道元にとって、念仏の声は蛙の鳴き声と同じだと感じられたのであろう。

さらにもう一つ、鎌倉末期から室町《むろまち》初期に活躍した臨済宗の禅僧・夢窓疎石《むそうそせき》の浄土宗批判を紹介しよう。彼は『夢中問答《むちゆうもんどう》』の中で凡夫往生をつぎのように批判する。

浄土宗の教えなるものは了義《りょうぎ》大乗の教えではなく、劣機に対する方便の教えである。

念仏の法門は諸大乗経と同様に釈尊が説かれたものであるが、これは大乗を学する人の中で、たまたま前世の宿業によって妄念のみ起こり、真心《しんしん》を起こすことができず、未来には地獄などの悪道に陥る恐れのあるものであるが、他力本願を頼んで浄土に往生することを願う教えである。したがって、方便の教えであり、真実の教えではない。

このように、栄西や道元を元とする禅僧はあくまで出家者を対象とした悟りの仏教を追求したのに対し、法然や親鸞は在家者までをも視野に入れた救いの仏教を追求したので、両者の主張はどこまで行っても食い違い、交わることがない。

念仏仏教の浄土理解

この違いは浄土観にも反映されているので、それを説明しよう。インドで大乗仏教が興起して以来、浄土をどう解釈するかについては二つの異なった見方があった。唯心論（あるいは「認識論」）的な見方と存在論的な見方である。つまり前者は「浄土とは心の持ちようである」とする立場、後者は「浄土とは西方に実在する場所」とする立場と言える。ここでは説明の都合上、まずは念仏仏教の存在論的な浄土観から取り上げる。

浄土三部経を素直に読めば、この娑婆《しゃば》世界から西方の遙か彼方《かなた》に、阿弥陀仏の構える極楽浄土が存在し、今もなお阿弥陀仏は説法していると説かれている。しかし、これは阿弥陀仏の極楽浄土にかぎったことではなく、大乗仏教の中で熟成された他方仏国土、あるいは浄仏国土の思想なのである。まずはこの点を説明しよう。

仏教の開祖ブッダが亡くなった後、この娑婆世界でつぎに往生する仏はマイトレーヤ（弥勒《みろく》）仏であった。しかし、その登場は仏滅後五六億七〇〇〇万年のことであり、その間は無仏の世とされた。また仏教には一世界一仏論という奇妙な原則があった。これは、一つの世界には一人の仏しか存在しえず、同じ世界に二人の仏が同時に出現することは不可能という原則である。

これで納得した仏教徒もいたが、「今の私を救ってくれる現在せる仏」を求める仏教徒もいた。彼らは一世界一仏論の原則に抵触せずに「現在せる仏」を求めなければならなかった。どうしたかというと、世界観を宇宙論的に拡大したのである。つまり、「世界はこの娑婆世界ではなく、ここ以外にも無数に存在するなら、その世界の一つ一つに仏がいてもかまわない」と考えたのだ。

こうして大乗仏教では「三千大千世界（千の三乗）」という世界観が構想され、また仏はその自分の国土を清浄にするという浄仏国土思想も誕生した。こうして大乗仏教では、無数の仏がそれぞれ独自の仏国土を構えることになる。浄土というと、阿弥陀仏の極楽浄土を想起するが、他にも浄土は存在する。たとえば、東方には薬師如来が瑠璃光《るりこう》浄土を構えるので、その仏に今生で知遇するには禅定（三昧）に入るか、あるいは次生で知遇するには死後にそこへ往生するといった方法が考え出された。

阿弥陀仏の場合であれば、般舟《はんじゅ》三昧に入って今生で阿弥陀仏に逢うか、あるいは死後、極楽に往生することで阿弥陀仏に逢うことになる。このように阿弥陀仏や極楽浄土は大乗仏教の他方仏土や浄仏国土という思想基盤の上に誕生したのであり、決して奇異な思想ではなかった。浄土とは本来、存在論的に立てられた物理的〝場所〟なのである。

これを浄土教の流れで理論化したのが、善導の「指方立相《しほうりつそう》（極楽の方角を指し示し、極楽の相を具体的に立てる）」だ。当時の仏教界では、唯心的（唯識的）な無形の浄土が一般的に認められていたが（後述）、善導はそれに異を唱え、観想の対象となる浄土は具体的な有形の浄土であるとする。凡夫はただでさえ精神を集中するのが難しいのに、形を離れた無相の浄土など観想の対象にできるはずがないからだ。

善導自身、阿弥陀仏の本質を法身《ほっしん》、また極楽も本来的には「無為涅槃界《むいねはんかい》」（『法事讃《ほうじさん》』巻下）であると理解するが、それでは凡夫の認識対象とはならない。だから、凡夫のために方角を具体的に「西」と定め、またそこに具体的な姿を持つ有形の浄土を仏は示されたとするのが善導の立場である。宗教的エリートではなく、凡夫という最低の人間でも実践でき、またそのような人間が救済される仏教を善導は目指したのであり、凡夫の目線に合わせた善導の仏教観が「指方立相」に如実に表れている。

禅仏教の浄土理解

では、唯心論的な浄土観をみていこう。この浄土観の根拠になるのは、大乗経典の『華厳経《けごんきょう》』（六十巻）「心と仏と衆生と、この三に差別なし」や、『維摩経《ゆいまきょう》』「もし菩薩《ぼさつ》、浄土を得んと欲せば、その心を浄《きょ》くすべし。その心浄きに随《したが》って、則《すなわ》ち仏土浄し」などの一節であろう。この考えに従えば、阿弥陀仏も「自己の心の現れ」と見ることになるので、これを「己心《こしん》の弥陀、唯心《ゆいしん》の浄土」という。

禅仏教では「いま／ここ」を大事にするので、「いま」ではない死後、「ここ」ではない他方に阿弥陀仏や極楽浄土を求めることを嫌う。したがって、浄土の解釈も存在論的ではなく唯心論（認識論）的になる。ここでは「己心の弥陀、唯心の浄土」を説いた臨済宗向《こう》嶽《がく》寺《じ》派の祖・抜隊得勝《ばっすいとくしょう》（一三二七〜八七）の『塩山和泥合水集《えんざんわでいがっすいしゅう》』の阿弥陀仏観や浄土観を紹介しよう。

たとえば、「「阿弥陀」とは衆生の仏性なり」と解釈する。つまり阿弥陀仏とは、西方に極楽浄土を構える他方仏ではなく、衆生の心に具《そな》わっている仏性（仏になる可能性）、「人間の六識や五陰《ごおん》が寂滅すれば、心地は清浄となる。これを「西方浄土」と名づけるのである」、あるいは「心念が寂滅して自性が無心になれば、苦楽ともに断除する、これを名づけて「極楽」とす」と理解し、唯心の浄土を説いている。また浄土往生についても、つぎのように述べる。

浄土往生を求める者は、まず第一に願求する我（主体）がいかなる者であるかを知る必要がある。人間は五蘊《ごうん》（色《しき》・受・想・行《ぎょう》・識）が仮に和合した存在であり、四大《しだい》（地・水・火・風）所成の身である。したがって、和合し所成する因縁がなくなれば、五蘊四大は分散する。分散したなら、往生を願求《がんぐ》する主体はなくなる。しかるに、なぜ極楽往生を求めるのか。もしも我が本来空であるなら、何が往生するのか。もしも往生すべき我がなければ、極楽を求めて何になろうか。

得勝は無我説に基づき、往生自体を否定し、「指方立相」の浄土はブッダが方便を以て名利を好む者のために西方に殊勝の世界を説かれただけであるとして、西方浄土方便説を説いている。この得勝の説は法然の浄土教に対して積極的に唯心の浄土を説いたのではなく、禅家が説く「直指人心見性成仏《じきしにんしんけんしょうじょうぶつ》」（人の心を直に指差し、坐禅によって自己の本来の心性を見極めれば、それが仏の悟りに他ならない）の要旨を説明するために、浄土教の趣旨を借りただけであることを最後に断っておく。

では最後に、この二つの浄土観について総括しておく。禅仏教は「悟り」を目指す。その動詞形は「悟る」であるが、原語に忠実に訳すなら「目覚める」となる。これは自動詞であり、目的語を持たない。ここがポイントである。仏教の根本思想は「縁起」なので、仏教は分別（二元論）を嫌う。特に主体と客体とを分離させ、主体が客体を概念的に把握することを嫌うので、自ずとその浄土や阿弥陀仏の理解は唯心論に基づき、一元的となる。

一方、念仏仏教は「救い」を目指す。その動詞形は「救う」であるが、これは他動詞であり、救う側と救われる側の分離（二元論）が前提となる。だから、存在論的に極楽浄土という具体的な場所を設定し、そこに阿弥陀仏という独自の救い主を設定することになる。

このように、同じ浄土の理解も「悟り」を目指す仏教と「救い」を目指す仏教とで、これほどまでに大きな違いが生じるのである。

禅仏教が念仏仏教を嫌う要因は他にもある。日本の禅仏教に大きな影響を与えた中国の禅仏教は、とにかく「日常」および「平常心」を重視する。よって、阿弥陀仏や極楽浄土など、超自然的で我々の日常を超える存在は認めないので、それを受けた日本の禅仏教も浄土教に対しては自ずと批判的態度をとることになる。

無から有へ

本章を締めくくるに当たり、「有（相）／無（相）」という観点から、禅仏教の悟りの側面と念仏仏教の救いの側面を比較してみよう。禅仏教には「無から有へ」、念仏仏教は「有から無へ」という方向性が確認される。では禅仏教から。

ここでは、禅仏教の「無から有へ」を説明するのに「真空妙有《しんくうみょうう》」という言葉を借用する。この言葉自体は禅仏教と直接関係ないが、禅仏教の悟りの前後を上手《うま》く表現しているので、これをもとに考えてみよう。

経典の漢訳「真空」の初出は西晋《せいしん》の竺法護《じくほうご》訳『光讃般若経《こうさんはんにゃきょう》』であり、これに基づき「真空妙有」と表現したのが、華厳経学の大成者である法蔵《ほうぞう》だ。その意味するところは、「仏教の真理である空（＝無我）を悟り、一切の執着を断じて空に徹しきれば（＝真の空によって我執我欲を滅尽すれば）、それまで見ていた現実世界（有）は素晴らしい真実世界（妙有）として顕現し、自由の新天地が開けてくる」となる。

誤解のないように言っておくと、現実世界と別に真実世界があるのではない。禅仏教がこのような存在論を嫌うことはすでに指摘したとおりである。そうではなく、現実世界の見え方が変わってくるのだ。たとえて言えば、それまで我執我欲で汚れた眼鏡を通して見ていた世界が現実世界とするなら、その汚れた眼鏡を外して見える世界が真実世界である。見る世界自体は変わっていないが、見え方が劇的に変わるのである。

別の喩《たと》えを示そう。汚れた鏡と澄み渡った鏡は、同じ対象を映し出しても、その像は大きく異なってくる。同様に、執着をなくして一点の曇りもなくなった心の鏡に映し出される対象は、真実の相（実相）そのものであり、妙有という他はない。このように、自我や執着をすべて無化し、真の空に徹しきったとき、妙有の世界が現成する。たとえば、臨済宗妙心寺《みょうしんじ》派の管長を務めた山田無文《やまだむもん》は参禅後の体験をこう述べている。

参禅の帰りに、本堂の前の真黄色な銀杏《いちょう》を見たとき、わたくしは飛び上がるほど驚いた。わたくしの心は忽然《こつぜん》として開けた。無が爆発して、妙有の世界が現前したではないか（山田［1965］）。

余計な解説は不要であろう。「真空妙有」の体験を巧みに表現している。妙有の世界は「花は紅、柳は緑」の世界だ。執着を捨てた明鏡の心には、「花は紅、柳は緑」というあるがままの自然があるがままに映し出されるのである（悟りの後の「妙有」については、次章で再び取り上げる）。

では最後に、禅仏教に寄せた同内容の表現を紹介する。それは『碧巌録《へきがんろく》』の「大死一番絶後再蘇（大死一番、絶後に再び蘇《よみがえ》る）」だ。これは「死と再生」、すなわち「執着を断ち切って古い自分が死んだ後、真の自己が新たに蘇生《そせい》する」ことを意味する。

このように禅仏教では、執着や我欲を徹底的に否定し、修禅を通じて無我に徹しきったところに妙有の世界が開けてくるのであるから、悟りを目指す禅仏教は「無から有へ」と表現できるだろう。

有から無へ

本論に入る前に、まず「方便」について解説しておく。禅仏教がさまざまな観点から念仏仏教を「方便」と批判したことは、すでにみたとおりである。そこには「仮の教え／真実でない教え」という否定的なニュアンスが込められているが、それは方便を曲解しており、方便の正しい理解ではない。その点をまず明らかにする。

「嘘も方便」に代表されるように、方便の旗色は悪いが、方便は真実とセットであり、真実とつながってこそ方便は方便たりうる。まずは方便を詳細に説く『法華経《ほけきよう》』に基づき、方便と真実の関係を整理しよう。第二章「方便品《ぼん》」は、つぎのような譬喩《ひゆ》で方便を説明する。

長者の息子三人が邸宅の中で遊んでいたが、その家が火事（火宅）になったのに誰もそれに気づいていない。放っておくと、三人は皆、焼け死んでしまう。そこで長者は一計を案じ、それぞれの息子が好きな玩具《おもちや》をみせて家の外におびき出す。一人には羊の車（声聞乗）、一人には鹿の車（独覚乗《どつかく》）、一人には牛の車（菩薩乗）だ。そして三人とも家の外に救出すると、長者はその三つの車よりもはるかに素晴らしい大白牛車《だいびやくごしや》（一乗）を与えた。

第七章「化城喩品《けじようゆほん》」には、別の喩え話もある。ある隊商主が隊商を率いて旅をしていると、彼らは皆、疲れ切って旅を続ける意欲を失いかけていた。そこで隊商主はその少し前方に町を化作《けさ》し、「とりあえずあの町まで行って休憩しよう」と隊商を勇気づける。町の明かりを見た対象のメンバーは元気を取り戻し、その町まで辿《たど》りつくが、それは隊商主が化作した町なので実在しなかった。隊商はまた意気消沈するが、隊商主はまたその少し前方に町を化作し、同じように隊商を鼓舞する。こうして少しずつ旅を続け、最終的にゴールに辿りついた。

これが方便だ。「嘘も方便」というが、単なる嘘は方便ではない。悟りというゴールに導くための嘘であってはじめて方便たりうる。ブッダも同様に、いきなり一乗というゴールを示したのでは、誰もついてこられなくなるので、まずは声聞乗の仏教で導き、そこに到達できたら、つぎに独覚乗の仏教を提示し、最終的に一乗という究極の教えに導いた。

ではこれに基づき、真実と方便に関して私見を示す。「真実」とは形や表現を超越した「形而上の真実（無）」、「方便」とは、その形而上の真実に具体的な形を与えて人間に認識可能となった「形而下の真実（有）」である。たとえば、形而上の真実を文字（方便）で表せば「経典」、造形（方便）で表せば「仏像」や「仏画」、行（方便）で表せば禅や念仏ということになる。だから方便は真実につながっているのだ。真実につながっていないものは方便とは呼べない。

そして真実と方便の関係は双方向で考えなければならない。「真実↓方便」から見れば、形而上の真実が形而下の世界に顕現したものが方便であり、「方便↓真実」から見れば、我々はその形而下の方便を手がかりにし、方便に導かれて形而上の真実に至るのである。

前置きが長くなったが、これに基づき、指方立相を考えてみよう。極楽浄土は修行の場であるから、厳密に言えば悟りの世界そのものではないが、限りなく悟りの世界に近いことは確かだ。その形而上の悟りの世界をあえて言葉で表現すれば、『阿弥陀経』で説かれる詳細な極楽の描写となる。『阿弥陀経』の前半では、言葉を尽くし、言葉を重ねて極楽浄土の素晴らしさがこれでもかというくらいに説かれるが、言葉を尽くせば尽くすほど、言葉を重ねれば重ねるほど、逆説的ではあるが「極楽は言葉では表現できない／極楽は言語表現を超越している」ということを暗示している。

悟りの世界や極楽浄土は言葉などの表現を超越しているが、凡夫はその世界に直入《じきにゅう》できない。そこで極楽を描写した言葉や極彩色の造形表現といった形而下の真実（有）を通じ、またそれらに導かれて、凡夫は形而上の真実（無）に接触することができる。したがって、念仏仏教は「有から無へ」と表現できよう。凡夫を対象とした、救いを目指す念仏仏教にとって、「指方立相」という有相は必要不可欠なのである。

第五章　内向 vs. 外向——対峙する対象

前章を受け、本章では両者の違いをさらに明確にするために、それぞれの仏教が「対峙《たいじ》する対象」という観点から考察を加えていく。一元論を旨とする禅仏教は悟りを目指すので、自己の外に目を向けることはないため、対峙する対象は自己自身となり、内向的である。一方、「救う／救われる」という二元論に立つ念仏仏教は救済主である仏と対峙するので、外向的となる。

十牛図

まずは図像表現を手がかりに、両者が対峙する対象の違いを確認していこう。いずれも視覚的に説明されているので理解しやすい。禅仏教を代表して十牛図《じゅうぎゅうず》、念仏仏教を代表して二河白道図《にがびゃくどうず》と二祖対面図《にそたいめんず》を取り上げる。まずは十牛図から。

十牛図（牧牛図）は中国北宋の臨済宗の禅僧・廓庵《かくあん》の作とされ、禅仏教における悟りの段階を十枚の絵で説明したもので、各図には廓庵自身による頌《じゅ》と彼の弟子である慈遠《じおん》の解説が付されている。これに基づき、日本では室町前期の禅僧・絶海中津《ぜっかいちゅうしん》が描いた十牛図や、室町中期の画僧・周文《しゅうぶん》の筆による十牛図などが作られた。ここでは廓庵の十牛図（天理大学本）を用いながら、場合によっては周文の十牛図（相国寺本《しょうこくじ》）も参考に話を進める（上田・柳田［1992］）。

十牛図の「牛」とは「真の自己」を象徴的に表している。上田閑照《うえだしずてる》はこれを「真の自己」が自己実現の途上において牛の姿で表されている」と巧みに表現する。廓庵の十牛図の最初に付された慈遠の序には「探し出すべき心も存在しないのに、どうして牛を追っかけるべきであろうか」と述べられている。これから十牛図の説明を始めようというその初っ端に、全体を否定するような言葉が付されているが、これは十牛図を最後まで読み進めれば理解されることであり、ここにこそ十牛図の言わんとする要点が凝縮されている。ではそれを含みつつ、第一図からみていこう（以下、120〜121頁の図を参照）。

①尋牛《じんぎゅう》

慈遠の解説は「初めから見失っていないのに、どうして探し求める必要があろう」で始まる。ここでも全体の流れを否定するような言説が、いきなり冒頭に置かれているが、これが十牛図の要諦《ようてい》である。図を見ると、本来の自己を失い、寂しげに佇《たたず》む童の顔が印象的だが、ここから童の本来の自己（牛）を求める「自分探し」の旅がスタートするのである。

ただし、童の視点に立てば「童が牛を探す」となるが、視点を逆にすると「牛が童を探している」とも解釈できる。つまり、宗教的な視点に立ち、〝絶対なるもの〟から見れば、我々は常に受身（受動）の立場にある。浄土教であれば、阿弥陀仏から慈悲の働きかけがまずあり、その光に照らされて自己の実存が明らかになるということになる。

②見跡《けんせき》

必死になって牛を探し回っていると、童はその手がかりを掴《つか》む。牛の足跡を見出《みいだ》したのだ。童は少し顔を上げ、牛が見つかるかもしれないという期待に胸を膨らませて足跡を追いかける。

さてここも、童の視点に立てば「童が足跡を見つける」となるが、見方を反転させれば、「足跡の方が童に対して、その姿の一端を現してきた」とも読める。あるいは足跡は最初からついていたが、牛を追いかけることに急で、自分の脚下にある足跡に気づいていなかっただけかもしれない。ともかく、童は足跡を発見し、その跡を追う。

③見牛《けんぎゅう》

足跡を追っていくと、ついに童はその本体である牛を発見する。牛は童に顔を向け、

「こっちに来い」とばかりに童を挑発しているようだ。牛と童の間には川が横たわっていて、容易には牛を捕まえられそうにないから、余計に牛は童を挑発しているように見える。なお、相国寺本では牛の後ろ足と尻尾《しっぽ》しか描かれておらず、まだその顔は不明のままである。

④得牛《とくぎゅう》

「得牛」の名のとおり、童はついに牛を捕まえる。しかし、牛は暴れ回り、また童も必死で手綱を握りしめているので、両者の間にかなりの葛藤《かっとう》があることがわかる。その緊張関係は手綱の張りに見事に描かれているが、相国寺本ではその張りが天理大学本以上にリアルに描かれている。

自己実現はそう簡単には実現しない。臨床心理学的にも、無意識と意識とが良好な関係を築くには、両者の相当な葛藤が必要となるが、その葛藤を手綱の張りが象徴的に表している。その葛藤はまた、童と牛が面と向かい合って対峙している姿からも窺《うかが》い知ることができよう。

①尋牛

〈十牛図〉奈良・天理大学附属天理図書館蔵、①～⑩以下同

②見跡

③見牛

④得牛

⑤牧牛

⑥騎牛帰家

⑦到家忘牛

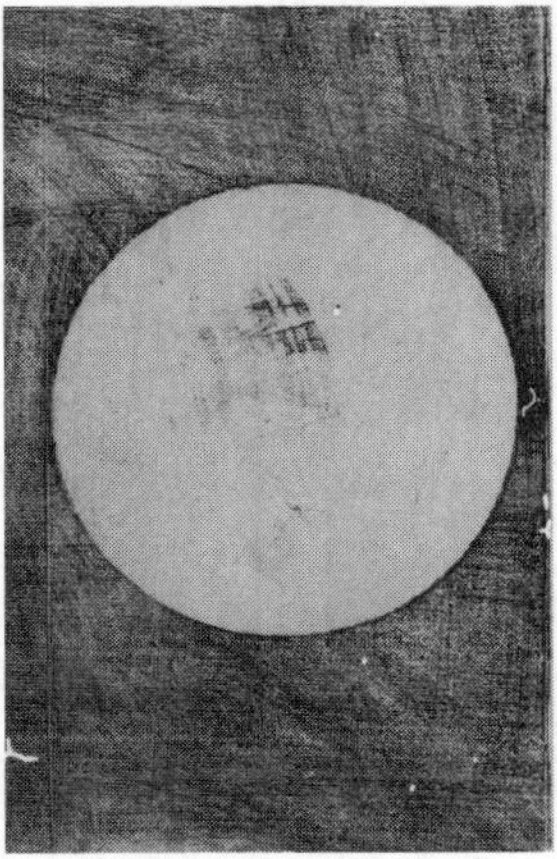

⑧人牛俱忘

⑤牧牛《ぼくぎゅう》

長い葛藤のすえ、ついに童は牛を飼い慣らした。それを象徴する図像表現が三つある。一つは手綱の緩みだ。「得牛」で張り詰めていた手綱は緩みきっている。また両者の顔の向きにも注目しておこう。「得牛」では向かい合っていた両者が同じ方向を向いて歩いている。進むべき方向が一致したのだ。それからもう一つ、重大な変化が確認できる。もう一度、「得牛」と「牧牛《ぼくぎゅう》」を比較してみると、そう、牛の色が黒から白に変わっている。これらの変化から、牛が童に馴化《じゅんか》しつつあることが図像的に確認できる。

手綱はついてはいるが、童と牛はそれぞれ思い思いに行動して、手綱の制約を出ないところ、あるいは出られないところに、牧牛のテーマがある。

⑥騎牛帰家《きぎゅうきか》

ここから表題が二文字から四文字に変わる。この段階では、もはや童は手綱を持つ必要もないほどに牛と一体化している。また、牛の背に乗って笛を吹くほどの余裕をみせる。

仏とは何かと問うのは、牛に騎《の》って牛を探すに等しい。仏が何かとわかれば、牛に騎って家に帰るに等しい。探すべき自己など最初からなかったからだ。人と牛は本来、一つである。その姿は、牛の背に騎る童として描かれるが、牛は童を騎せて自然に帰途につく。童が帰るというよりも、牛の方が自然に家に帰る。童は牛の背にいるだけでよい。だから童は笛を吹いていられる。人の指示を待たずに、牛は家に帰るのだ。

⑦到家忘牛《とうかぼうぎゅう》

ここから十牛図は劇的に変化していく。まずは、牛自体が図から姿を消す。いったん家に帰りつけば、牛は無用となる。牛は童を運ぶためにことさらに牛として描かれていただけだ。牛はいわば教法であり、十牛図は牛の喩《たと》えの教法であったので、家に帰りつけば、牛が姿を消すのは当然であろう。

同様の教えは、すでに初期仏教の経典にも見られる。人口に膾炙《かいしゃ》した「筏《いかだ》の喩え」だ。川を渡るには筏が必要だが、川を渡りきった人に筏はもはや不要となる。だからブッダは、川を渡れば筏を捨てよと弟子たちに諭す。この場合の筏とはブッダの教法を象徴しているが、川を渡った人（悟った人）にとって筏（教法）は不要であるばかりか、それに執着することは迷いの世界に戻ることを意味する。筏は潔く捨て去らなければならないのである。

この段階では、牛が完全に自己化されて、もはや牛として別個に見られることがない。

牛が人となったのである。牛は童の中へと消え去っているが、「真の自己」を象徴する牛の姿は、一応のことであった。換言すれば、牛の姿は自己と自己とが分裂している不完全な状態で表現される、とりあえずの「真の自己」像であったのだ。それは真の自己になっていない不完全な自己によって「真の自己」ととらえられた自己であるから、本当の意味で「真の自己」ではなかったのである。

牛の姿という有相の表象性自体が自己分裂の表現であったが、この童と牛という二重性による自己分裂が止揚され、真に自己自身に落ち着いた人がここに現成している。ここでは「真の自己」という問題そのものが解消し、牛も消え、牛を求めたあり方も消える。表象されうるような有相の「真の自己」なるものはないということが暗示されていると言えよう。

⑧人牛倶忘《じんぎゅうぐぼう》

劇的な変化はさらに続く。牛のみならず、ここでは牛を求めていた童自体の姿が消え、一つの円相が描かれるだけとなる。おそらく、この人牛倶忘が十牛図のクライマックスと考えてよい。この後、二つの図が続くが、それはこの八番目の人牛倶忘からさらに深まった境地を表すのではなく、人牛倶忘の別の側面を違った視点から説明したものであり、ここが一つの到達点と考えられる。

さて、この円相だが、これは八段階目に至ってはじめて描かれたわけではない。第一の「尋牛」からここに至るまでずっと描かれており、そしてこの後も描かれている。つまり最初から最後までこの円相の中ですべてが展開してきたのであり、この八段階目に至ってすべてが消え去ることにより、あらためて我々がその存在に気づかされたと言うべきであろう。

牛を探すことに追われ、目に入らなかった円相が、家に帰って牛を忘れ、またその牛を忘れた自己さえも忘れた結果、現れ出たのである。まさに無我に徹しきった後に体験される身心脱落《しんじんだつらく》の空白を見事に描いている。あえてその境地を図柄で表現しようとすれば、こう描くしかないのだろう。第三「見牛」から第六「騎牛帰家」までが二（童と牛）、第七「到家忘牛」が一（童）、そして第八「人牛倶忘」に至ってすべてが無となり、一切の有相が無相に帰す。

禅仏教では「求めるべき真の自己はなかったのだ」と考える自己さえ、最後の最後で跡形もなく消し去らなければならない。第七「到家忘牛」で留《とど》まるなら、「悟った」という

⑨返本還源

⑩入鄽垂手

自己が残存するので、それは「悟り臭い」と表現される。

⑨返本還源《へんぽんげんげん》

人も牛もともに使命を終えて、その本源に立ち返ったとき、その背後にあった自然が姿を現す。すべての人為を消し去り、純粋無垢《むく》となった円窓（心）には、ありのままの自然がありのままに映し出される。前章で「真空妙有《しんくうみょうう》」にふれたが、それは十牛図の第八「人牛倶忘」から第九「返本還源」への展開のことであった。まさに「花は紅、柳は緑」の世界である。

この空円相はただ何もない無なのではなく、「能動的無」であると久松真一《ひさまつしんいち》は呼んだ。それは、この空円相こそ、ありのままにすべてを映し出すからだ。この空円相は初めからあったという意味では「返本還源（本に帰り、源に還《かえ》る）」であり、今はじめてという意味では、無からの創造である。人間の側から見れば、非本来的な自己を絶無するという意味では死の体験であるが、真理の側から見れば、それは新たな自己を誕生させるという意味では再生のための通過儀礼でもある。

⑩入鄽垂手《にってんすいしゅ》

これは町（鄽）に入って、手を差し伸べ、衆生を救済することを意味する。天理大学本では、第十「入鄽垂手」に至って円相の背景がはじめて白抜きとなる。ここで再び人が登場するが、これを第七「到家忘牛」の人と比べると何が違うであろうか。さきほど「悟り臭い」という表現を使ったが、第十の人は真の意味での「仏（悟りを開いた人）」を意味する。真の仏は周りにそれと気づかれずに利他を実践するので、「悟り臭さ」が一切ない。

天理大学本では布袋《ほてい》のような人しか描かれていなかったが、相国寺本を見ると、翁《おきな》と童が対峙している図柄となっている。つまり「自己ならざる自己」が真の自己として現れ、人間世界に自己展開すると、それは自ら他者をして真の自己に目覚めさせる道となる。大乗仏教では「自覚覚他《じかくかくた》」を目指すので、覚他（他者を目覚めさせること）にこそ自覚（自ら目覚めること）の証がある。

ここでの翁と童の間にはどのような会話が交わされているか想像の域を出ないが、たとえば翁が「お前は誰だ」という問いを発し、それを受けた童が「私は誰なのだ」と自らに疑問を抱き、自分探しの旅に出るとすれば、この第十図は第一「尋牛」に舞い戻り、また新たな自分探しの旅が始まることになる。

以上からわかるように、禅仏教は自己の外に心を向けるのではなく、あくまでも内なる自自己と対峙し、しかも最終的には有相なる自己を対象化して求めることの誤りに気づき、求めるべき自己はなかったのだと気づくことが、逆説的ではあるが「真の自己」になる道であることを自覚するよう促す。これは念仏仏教と極めて対照的である。

二河白道図

ではつぎに、念仏仏教の対峙する対象をみていこう。念仏仏教は仏による救済を希求す

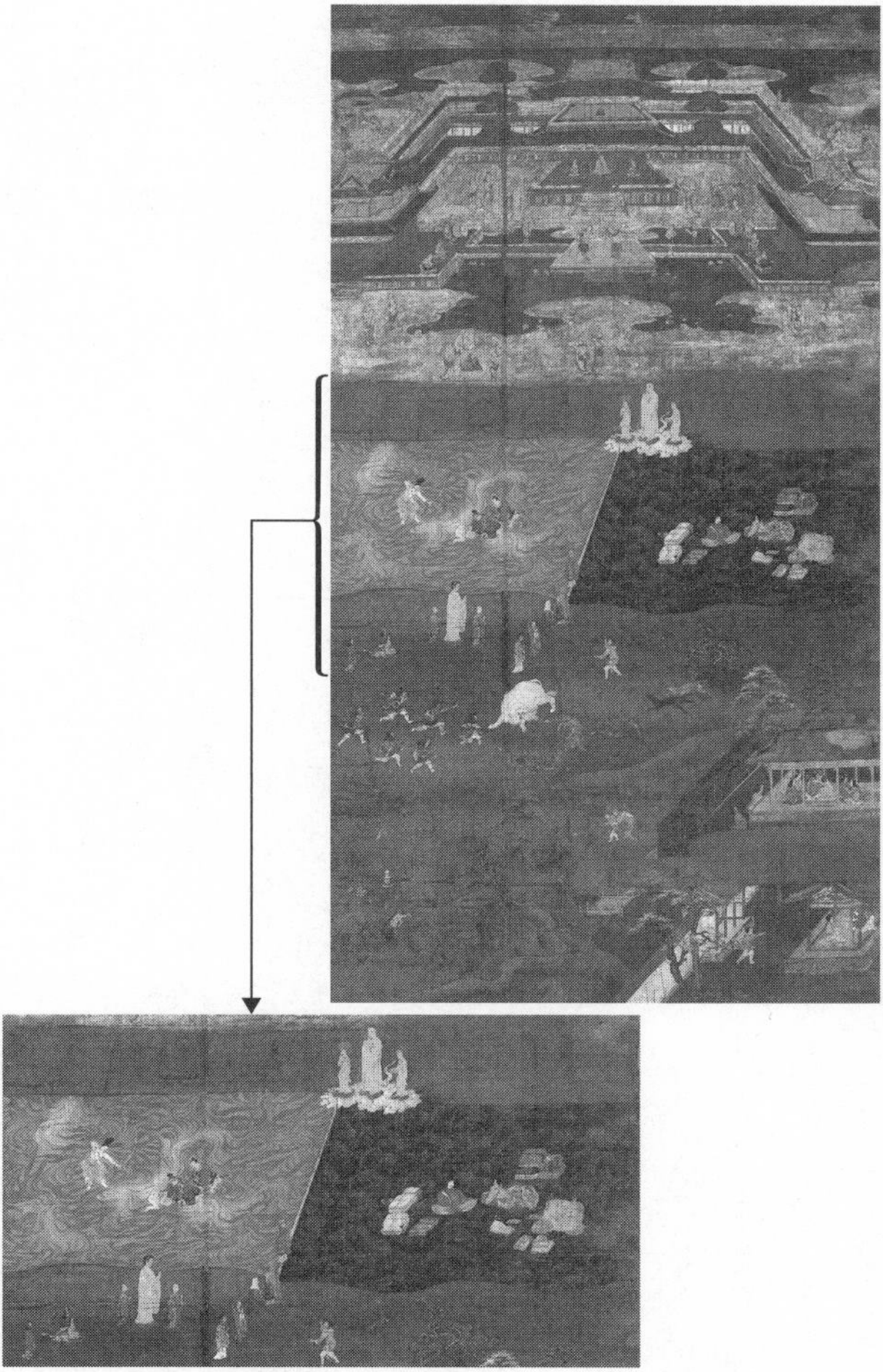

2つの川の間にある白い道を進んだ先に浄土があることを象徴的に表現したもの。〈二河白道図〉兵庫・香雪美術館蔵

るので、有相の仏を外に向かって求めることになるが、その典型例として二河白道図を取り上げよう。これは中国唐代の浄土教家・善導が考案した図案で、念仏仏教の要諦を視覚的に巧《うま》く表現している。これは善導の主著『観経疏《かんぎょうしょ》』「散善義《さんぜんぎ》」で説かれている譬喩《ひゆ》であるが、要約すると内容は以下のとおり（浄土宗［2016］）。

ここに西に向かって百千里の道を歩いて行く者がいる。その人の前に突然河が現れる。南には火の河が燃えさかり、北には水の河が渦巻いていた。河の幅は百歩ほどであるが、底も見えず南北は果てしなく水火がつづいている。水火の分かれ目に一本の白い道が西岸まで通じているが、その白道はわずか四、五寸ほどの細さで、しかも火焔《かえん》と波浪が常に襲いかかり、対岸に渡るにはあまりにも危険であった。また、後を振り返れば多くの賊徒や悪しき猛獣たちがこちらに向かってきている。そこでつぎのように思った。〈西へ向かえば西岸に渡る白道がある。しかし対岸は遠くないとはいえ、この白道は渡るにはあまりにも幅が狭く、足を踏み外せば確実に死んでしまうだろう。東に引き返したとしても賊徒や猛獣たちが群れをなして襲いかかってくる。南北に逃げようとしたところで、やはり賊徒と猛獣が向かってくるだろう〉。その人の心は恐怖でいっぱいとなったが、〈引き返しても、ここにとどまっていても、そしてこの道を前に進んで行くにしても、結局のところ死は免れそうにない。それならば、目の前に道があるのだから、この道をまっすぐに進んで行こう〉と意を決した。

するとと、東岸からは、「この道をまっすぐ進んでいきなさい、死難などはない。もしここにとどまれば必ずや死んでしまうだろう」と語りかける声がした。また西岸からも、「心を定めてただちにこちらに渡ってきなさい。お前を守護してやろう。水火の河など恐れてはならない」と語る声がした。東からは「行け」と、西からも「来い」という激励の声がしたので、疑いや不安な気持ちは消えさり、決然と白道を進んでいった。

すると、東岸から賊徒や猛獣たちが、「戻ってきなさい、その白道は危険で悪しき道だから渡りきれはしない。我われに悪しき心などはないのだ」と引きとめようとするが、そうした誘惑の声にも決して振り返ることもなく白道を進んでいくと、すぐさま西岸に渡りついて、諸難を離れることができ、西岸にいる善《よ》い友と出会って喜びや楽しみも限りがなかった。

ではつぎに、法然の『選択集』第八章に基づきながら、二河白道の譬喩を解釈していこう。以下、すべて箇条書きで簡略に示す。

①東岸――煩悩の火に包まれた娑婆《しゃば》の火宅に住む愚かな人間の生活
②西岸――阿弥陀仏の極楽世界である宝の国
③群賊や悪獣――本来は清らかな心を持っていたのに、人間の六根・六識・六塵《ろくじん》・五陰《ごおん》・四大《しだい》などが世俗の垢《あか》に染まって、いつの間にか汚れ迷って邪悪な気持ちを持つようになっていくこと
④水河――貪愛《とんあい》の気持ちが心の奥底に染み入って水のようである
⑤火河――怒りや憎しみは燃えさかる火のようである
⑥白道――貪愛や瞋憎《しんぞう》などの煩悩に満たされてはいても、浄土に往生したいと願う清らかな心を起こすこと
⑦旅人が白道を西に進む――今までの多くの行為や働きを振り向けて、まっすぐ西方に向かうこと
⑧東岸で人の声がして、「向こうへ行け」と勧めるのを聞き、道を求めてまっすぐ西に向かって進んだこと――釈尊(ブッダ)がすでに入滅されたのちに、後世の人は釈尊に会うこともできないが、釈尊の教えは残っていて、その教えを訪ね求めることができること

⑨十歩か二十歩ほど進んだときに、群れをなす盗賊たちが呼び返そうとしたこと――まったく違う別の道を進む学問や実践、ならびに邪悪な見解などを持った人たちが、みだりに自分勝手な見解を抱いて、交互に惑わし、その上、自ら罪を造って悪道に落ち、戻っていくこと

⑩西岸の上に人がいて呼び求めていること――阿弥陀仏が必ず人びとを救いとると誓願された本意のこと

⑪善い友と出会って喜ぶ――長い間、人びとが迷いの世界に沈潜して、始めなきはるか昔から迷いの世界を経巡っては迷い捕らわれつづけ、自分で自分をがんじがらめにして、解脱するのにもその方法を持てないでいたこと

こうして各内容を解釈した後、最後に全体を総括してつぎのように指摘する。

幸いにも釈尊は西方浄土に行くように指示して勧められた。また、阿弥陀仏が大慈悲の心で浄土に来たれと招き呼ばれたのに頼って、今こそ、お二方の御《み》仏の意旨に信じ従い、水と火の二つの河の危険をも顧みず、瞬時たりとも忘れることなく、阿弥陀

仏の本願の力という大道に乗って、寿命が終わったのちに、浄土に生まれることができて、御仏と出会い、喜びこの上ないというのに譬《たと》えるのである。

浄土教の仏と言えば阿弥陀仏であり、仏教の開祖ブッダの影は薄く、両者の関係が問題となるが、この二河白道の譬喩はこれに巧みに答えている。つまりブッダは衆生を此岸から「行け」（発遣の釈迦）と励まし、阿弥陀仏は彼岸から「来い」（来迎《らいごう》の弥陀）と促す関係にある。

このように、「救い」を目指す念仏仏教において、「救いを求める人」は外に向かって「救う仏」と対峙することになる。

二祖対面図

もう一つ、念仏仏教の外向的側面を「二祖対面図」で確認してみよう。二祖とは法然と善導を意味する。これは法然が夢中で中国唐代の善導と対面し、善導から自らの「専修念《せんじゅねん》仏《ぶつ》による往生」に〝お墨付き〟を得たことを説明する図であるが、一方で、面授の師匠を持たなかった法然の師資相承《ししそうじょう》を担保する図でもある。では、内容を説明しよう。

『観経疏』の一節で回心した法然だったが、それを人々に説くにはまだ躊躇《ためら》いがあった。理屈では念仏往生を理解できても、体験として情的に阿弥陀仏との関係を実感できずにいた法然が悶々《もんもん》と時を過ごしていると、ある夜、夢の中で不思議な体験をする。その内容については、第三章の「法然の仏教」で「二祖対面」として説明したが、ここでもう一度紹介しよう。

西方に山があった。中腹まで登って西方の彼方《かなた》を眺めると、紫雲が法然に向かって飛来し、その中から無量の光が放たれた。その紫雲は北に向かって山河を覆い隠したかと思うと、瞬時に戻ってきて法然の前で止まる。紫雲は次第に空全体を覆うと、その中から僧が現れ、法然の前で止まった。その姿は、腰から下は金色、腰より上は墨染めであった。

法然が合掌し、「あなたさまはどなたですか」と尋ねると、「私は善導である」と答える。法然が驚いて「何のためにお越しになったのですか」と尋ねると、その僧は「あなたが専修念仏を広めるのが尊いので、やってきたのだ」と応答した。その直後、法然は夢から覚めた。

これが「二祖対面」の主な内容である。法然は『選択集』で善導を「阿弥陀仏の化身」、すなわち「阿弥陀仏が善導の姿をとって仮に現れた」と表現するが、夢の中で法然の前に

然は、夢の中で善導と出会う（二祖対面図）。〈法然上人行状絵図〉巻7段5より　京都・知恩院蔵

現れた善導の下半身の金色は、それが「阿弥陀仏」の化身であることを視覚的に表現している。法然にとって善導は中国浄土教家の一人というに留まらず、阿弥陀仏の化身として受け取られたのであり、だからこそ「偏依《へんね》善導一師」という絶対的信を置くことができたのであった。

二河白道図と同様に、念仏仏教の二元論的性格、およびその二者が対峙する構造が見事に表現されている。

人は外なる救済者と対面して向かい合うのが「救い」の基本的構造と言えよう。ただし、念仏仏教が常に外向的というわけではない。というのも、外なる救済者に救いを求める前には、内なる自己と向かい合い、深く自己省察することが求められるからだ。三心《さんじん》の中の「深心《じんしん》」を手がかりに、この問題を考えてみよう。

　三心とは「至誠心《しじょうしん》（誠の心）／深心（深く信じる心）／回《え》向発願心《こうほつがんしん》（善根を

回向して往生を願う心)」の三つを言い、極楽往生に必要な心とされる。出典は『観無量寿経』にあり、善導はこの三心を重視した。このうちの「深心」は深く信じる心を意味するが、何を深く信じるかというと、信機《しんき》と信法《しんぽう》の二つがある。信機の「機」は「能力」を意味するから、信機とは「自分が煩悩具足の身で、自力では悟れない存在であることを深く信じること」、信法の「法」は「阿弥陀仏の慈悲」を意味するから、信法とは「そのような自分が阿弥陀仏の慈悲によって往生できると深く信じること」を意味する。

心の底から阿弥陀仏の他力による救済を信じるためには、自力に絶望し、自力を完全に放棄しなければならない。「自分の力で何とかなる」という思いが少しでもあれば、阿弥陀仏の他力に一〇〇パーセント委《ゆだ》ね切ることはできないからだ。だから善導は懺悔《さんげ》を重視し、法然は「三学非器(三学の器にあらず)」と自己に絶望し、親鸞は自らを「蛇蝎《じゃかつ》の如く」と評したのは、すでにみたとおりである。この内なる深い自己省察があってはじめて、外なる阿弥陀仏の救済力を頼むことができる。

さらに言えば、外に向かって阿弥陀仏という絶対的な存在に対峙し、阿弥陀仏を鏡に内なる自己を省察したとき、自己の罪悪性が露《あら》わになり、自己に絶望することになる。そしてその絶望の体験を潜《くぐ》り抜けて、はじめて人は外なる阿弥陀仏の絶対的な救済を心の底から信じられるようになるので、「外向→内向→外向」という複雑な経路をとることになる。ここでは、禅仏教の内向に対し、念仏仏教を外向と一応は特徴づけたが、単純に「念仏仏教は外向である」とは言えない側面もあることを最後に指摘しておく。

「方便」再考

前章では「方便」について、禅仏教と念仏仏教の違いを考えたが、ここで再度、「十牛図」を手がかりに、禅仏教の方便について考えてみたい。

すでにみたように、禅仏教は有相（具体的な相を立てること）や二元論（主観と客観の分離）を極端に嫌う。悟りの本質からすれば、それはそのとおりなのだが、人がいきなりその世界に悟入することは至難の業だ。だから、有相や二元論を嫌う禅仏教でさえ、方便を駆使していることを「十牛図」から再確認する。

十牛図の第一「尋牛」の冒頭に、「初めから見失っていないのに、どうして探し求める必要があろう」とあった。見失うことも見つけ出すこともない本来の自己、これが禅仏教の基本的立場だ。にもかかわらず、十牛図は童が牛（真の自己）を求める「尋牛」から話はスタートする。

またその牛は有相として描かれる。さまざまなプロセスを経て最終的に牛は姿を消すが、第六「騎牛帰家」までは有相として、しかも「童と牛」という二元論で話が進行する。最終的に牛も童も姿を消し去ることで（第八「人牛倶忘」）、悟りは一応の完成を見るが、そこに至るまでは有相と二元論は存続する。

第八「人牛倶忘」に至ってはじめて「求めるべき真の自己など、本来なかったのだ」と気づくのだが、その気づきにはいきなり達しえない。「本来の自己を求める」という非本来的な営みを通じて、「求めるべき真の自己など、本来なかったのだ」という気づきに至ったとすれば、「本来の自己を求める」という非本来的な営みは、最終的には捨てられるとしても、やはり悟りには必要な営みだったというしかない。

結果的には無駄だが、それは結果としてわかることであり、そこに至るには無駄どころか必要な営みだったのである。これを仏教では「方便」と呼ぶ。よって、念仏仏教の有相や二元論を否定する禅仏教においてさえ、方便として有相や二元論は悟りのプロセスにおいて必要であることがわかるだろう。

これはブッダの悟り（涅槃《ねはん》）の境地、あるいは大乗仏教が重視する「無住処涅槃《むじゅうしょねはん》」にも通じる話である。たとえば、ブッダはこの迷いの世界を厭《いと》い離れるべく修行し、真理を悟って悟りの世界に入った。迷いの世界と悟りの世界とを存在論的に理解すれば、両者は対立して二元論に陥るし、また「迷いの世界に相対する」という意味で悟りの世界は相対的な存在に堕してしまう。しかしブッダはいわゆる悟り世界に死ぬまで留まったわけではなかった。説法を決意したブッダは再び迷いの世界に戻り、入滅まで布教し続けたのである。

この段階に至って、悟る以前に意識されていた「迷いの世界と悟りの世界の境界線」は消滅し、その両者の世界全体がブッダにとっての活動領域、すなわち真の意味（広義の意味）での「悟りの世界」ということになる。とはいえ、実際に悟るまでは、両者を区別しておかないと混乱に陥るので、修行を始めた段階で「迷いの世界／悟りの世界」という二元論は有効に機能する。

大乗仏教の時代になると、このブッダの涅槃観は「無住処涅槃」として理論化される。「菩薩《ぼさつ》は智慧《ちえ》があるが故に生死《しょうじ》（迷いの世界）に住せず。また慈悲あるが故に涅槃（悟りの世界）に住せず」と言われる所以《ゆえん》である。これは単なる迷いや悟りでもなく、迷いとも悟りとも言えぬ高次の〝遊びの境地〟であり、これを仏教では「遊戯三昧《ゆげざんまい》」という。

悟りを開いていない凡夫に「方便」は必要不可欠だ。真の方便は真実とつながっているので、それを無視してただ単に「方便」だと非難することは間違っている。

マインドフルネス

では本章を閉じるにさいし、「禅仏教の外向／念仏仏教の外向」という特徴をあぶり出すために、心理療法という視点から両仏教を比較してみよう。

仏教は苦と向かい合い、その苦の克服を目指すので、心理療法との親和性は高い。そのような下地があってか、仏教の思想や行法は心理療法に活用されることがある。ここでは禅仏教を代表してマインドフルネス、念仏仏教を代表して内観療法を取り上げる。

今、社会では「マインドフルネス」が注目を集めている。これは、マサチューセッツ大学医学部教授のジョン・カバットジンが日本の禅宗の坐禅《ざぜん》などをベースに種々の瞑想《めいそう》法を取り入れ、そこから宗派色を抜いてマインドフルネス・ストレス低減法を開発したことに端を発する。グーグルやアップルなどの大企業が社員研修の一環としてこれを導入したこともあり、認知度が高まった。治療効果が科学的に実証されるなど、医学・脳科学・神経科学・心理学などの分野で注目を集めている。

熊野《くまの》宏昭《ひろあき》〔2012〕は「マインドフルネス」を「今、この瞬間の体験に、意図的に注意を向け、その現実をあるがままに知覚し、それに対する思考や感情にはとらわれないでいる心の持ち方」と定義する。通常は外界に注意を向けている「外受容感覚」を、自分の呼吸・心拍数・消化器官などの状態といった「内受容感覚」に注意を払うことで、ストレスを軽減したり、身心をリラックスさせたり、また集中力を高めたりする効果が確認されているという（蓑輪〔2021〕）。

禅定《ぜんじょう》は悟りに直結する身体技法であり、悟りは苦からの解脱を意味するから、禅定にストレス（苦）を軽減し、心身をリラックスさせる効果などがあるのは当然であり、心理療法に活用されても不思議ではない。ただし、禅定の目的が悟りであるのに対し、マインドフルネスの目的は悟りではなく、あくまで症状や日常生活の改善にあるので、共通点と同様に相違点も明確にしておく必要がある。

マインドフルネスの特徴は「外受容感覚」を「内受容感覚」へと切り替えるところに求められるが、これはまさに禅仏教の内向性を反映していると言えよう。

内観療法

つぎに、佐藤実枉〔1996〕に基づき、内観療法の大枠を概観する。「内観」という言葉自体は、自己そのものを見つめる仏教一般の修行法を意味するが、「内観療法」という場合は、吉本伊信《よしもといしん》という浄土真宗の僧侶《そうりょ》が開発した日本固有の心理療法を指す。「内観」という言葉から、マインドフルネスと同じように、意識を内なる自己に向けることは確かだが、その方法は〝他者を鏡〟に自己を省みるという点で外向的側面も持ち合わせている。ではその内容を概観しよう。

これは浄土真宗の木辺《きべ》派に伝わる「身調べ」と称する宗教的精神修養法がもとになっている。身調べは、小さく仕切られた部屋に籠《こ》もって外界との接触を制限し、断水・断眠という条件の下で、「今死んだら、自分の魂はどこに行くのか。身・命・財を投げ捨てる覚悟で反省せよ」と指示を与えられ、今までの自分の行いを反省させる。

これを人格改善の自己啓発の技法へと発展させたものが内観療法だ。部屋の隅に屏風《びょうぶ》を立て、その中に療法を受ける者は坐《すわ》る。考えることは、他人に対して自分のした行為を反省することである。最初は、母に対する自分の行いと心について調べる。身調べのやり方は、(1)母にしていただいたこと、(2)母にして返したこと、(3)母に迷惑をかけたこと、この三つについて内省を行い、その後、わかったことを懺悔し、面接者がその内容を傾聴することを内容とする。

母のつぎは、父・兄弟・姉妹など、自分と関わりのある人に対して自分を調べる。そして二時間おきに面接者が面接する。内観を体験すると、いかに自分は周囲から支えられてきたか、それにもかかわらず、自分の辛《つら》さに浸り、他者を傷つけてきたかに気づかされる。つまり、加害者としての自己を自覚し、真の意味で他者の立場に立つことが可能になる。これは一見、自責的思考様式で自己を見つめることを求めてはいるが、あくまでも対象者となる他者を通して、客観的な自己を観察するための技法である。

内観における罪意識は、自分の醜さという自分の闇の部分を直視し、それがまさに自分に属するものとして受け入れる一方、その罪の自覚が孤立した体験ではなく、それにもかかわらず、愛されてきたという体験と表裏一体をなす。過去のその時々の自分に戻り、受け入れられていた自分を再確認していく内観の過程は、過去に遡《さかのぼ》るという「退行」と、自分を確立していくという「前進」とを同時進行的に行っている。

このように、内観療法はまず他者を鏡にするので「外向」、またそれを通じて自己を内省するので「内向」、そして最後に他者からの愛を自覚するので「外向」となり、先の三心の中の「深心」で確認した「外向→内向→外向」というプロセスと見事に一致する。また内観療法では面接者の存在が重要になるが、ここでも念仏仏教に特有な二元論的対面の構図が確認できよう。

第六章 引算 vs. 足算——文化への影響

前章で図を取り上げたことを承《う》け、本章では美術や芸能といった文化面に両仏教が及ぼした影響を比較していく。これまでの考察から推察すれば、禅仏教の美術は引算で質素な方向に向かうが、念仏仏教は極楽の荘厳を表現するために、足算で華美な方向に向かうことは容易に想像できよう。また、意業《いごう》を重視する禅仏教は精神性を重視する芸術へ、また称名念仏を重視する念仏仏教は口称《くしょう》の芸能へ向かって発展していく。

引算の美学

まずは美術の側面から、両者を比較してみよう。

禅仏教は「無我」を目指して修行する。つまり日常的な「我」を徹底的に否定し、主観と客観という二元論を超越した境地を目指すが、これは一般に「無」と表現される。ただしこの「無」は「有」に対する「相対的な無」ではないので、「絶対無」とも表現される。これが禅仏教の特徴だが、美術は有相として表現しなければならないので、「無」のままというわけにはいかない。白紙の画紙を以《もっ》て禅の究極の美術表現とは言えないのである。

そこで、禅仏教の美術は有相の無駄を極限まで削《そ》ぎ落とした最小限度の有相を以て禅の何たるかを表現することになる（江戸時代に黄檗《おうばく》宗が中国からもたらした「唐絵《からえ》」のように、どぎつい色彩と奇怪なフォルムを強調する画風もないではないが)。極端な場合、これは見方によっては「不完全」にも見えてしまうので、岡倉天心《おかくらてんしん》は日本文化の特徴を「不完全性」に求め、欠けたところを空想によって補う、特殊な美意識と呼んだ。絵画にしても工芸にしても、優れた日本人の作品は確かにどこか欠けていて、いびつである面白さを持っている。

やや否定的なこの見方に対し、久松真一はこの説を修正し、「完全なるものの自己否定」とする。つまり、日本文化(この場合は「禅美術」)の不完全性は、いつか完全に至る手前にあるのではなく、むしろ完全なるものを抑えた「つやけし」の美しさにあるととらえ直した。

さらに久松は日本人の美意識を不均斉(釣り合いの取れないもの)をよしとし、偶数よりも奇数を尊ぶところにあるとして、これを禅の本質とした。建築・工芸・水墨・書道など、少なくとも中世以来の日本の美術は、すべてケバケバしい色を嫌う「つやけし」の美を基本とするという。重要なことは、それが幾何学的な完結に至る手前の不完全ではなく、一度完成に達したものが、内より自己の完結性を破って、再び本来の自然に戻ってくる、そんな完成の否定としての未完成、あるいは未完成の完成とする(柳田[1982])。ここでそれを「引算の美学」と呼んでおこう。

また浄土教美術と違い、禅美術の特徴は禅僧自体が優れた芸術家である場合が多い。それは禅そのものが、芸術的性格を有しているからだ。念仏仏教と違って禅仏教はこの世での悟りをめざす。つまり自我を否定して無我を体得するが、優れた芸術家はある意味で無我の体得者である。芸術家が作品を創作するさい、「私が作品を創作する」という意識はない。そこには「自我」が存在しているからだ。画家がキャンバスを前にし、またピアニストがピアノを前にしているとき、「私が素晴らしい絵を描く／私は人を感動させるような旋律を奏でる」という意識はないだろう。そういう自我がすっかり消え去り、無我の状態になって形而上の〝何か〟とつながった（＝〝何か〟の器となった）とき、傑作が誕生する。

たとえば、板画家《はんがか》の棟方志功《むなかたしこう》の仕事について、柳宗悦《やなぎむねよし》は「棟方の仕事は『作る』という性質より『生まれる』という性質の方が濃い」と評価する。つまり、「棟方が作品を作る」のではなく、「作品が棟方を通して生まれてくる」と表現する。だから、棟方は「私は自分の仕事には責任を持っていません」と言う。また陶芸家の濱田庄司《はまだしょうじ》も「今の願いは私の仕事が、作ったものというより、少しでも多く生まれたものと呼べるようなものになってほしいと思う」と述べる。二人とも「私が〔作る〕」という自我意識を否定している点が共通する。

このように、優れた芸術家は無我の体得者でもあるが、自我を否定して無我を体得した禅僧は、自我意識を働かせることなく、美を如実に表現する可能性を大いに持っていると言えよう。

禅美術の特徴

ではこれを禅仏教の芸術の前提とし、山口諭助《やまぐちゆすけ》〔1956〕に基づきながら、禅仏教の芸術の具体的様態を概観してみよう。山口は禅芸術を「無の芸術」と定義した上で、「空白の芸術／選択の芸術／理念の芸術／暗示の芸術／大静の芸術」という五つの側面から説明する。では「空白の芸術」から順にみていこう。

無の芸術においては、「表現しないこと／表現しないところ」、つまり表現の「無」が積極的意味を持っている場合がある。たとえば、絵画における余白は決して無意味な空白ではなく、その絵画の美の重要な要素をなしている。これは絵を描いて、たまたま余った場所というのではなく、最初から計画的に残された絵の重要な一部なのである。このように

「無」が重要な意味を持つことは、静止（動きの無）の瞬間の多い日本舞踊にも当てはまるという。

さて余白の芸術の典型は墨絵であろう。墨絵における余白の部分は黒白的絵画としての墨絵にとっては、黒色の描形を活《い》かす働きをなすものである。これはキャンバス全体を絵の具で塗りつぶす西洋油絵と好対照をなす。また余白とは直接関係しないが、墨絵における減筆という技法も余白に一役買っている。本来、書道における「省筆／略字」を絵画に応用したものだが、これは引算の美学である。

京都龍安寺《りょうあんじ》の石庭は、選ばれた五群の石の美を、日本画の余白にも比すべき白砂によって表現した。この空白の芸術は、選択の芸術でもある。引算の美とはいえ、すべてを引けば芸術ではなくなるので、残すべきものが何かを選択しなければならない。その意味で無の芸術は選択の芸術でもある。文学で言えば、俳句や短歌がこれに相当する。できる限り言葉を節約し、言葉の多くを無に置くことによって、選ばれた言葉を活かす空白の芸術であり、選択の芸術である。

では、何を選択して残すか。それは対象の本質的な姿だ。ここから、無の芸術は理念の芸術へと発展するが、これは伝統的な芸術が型の芸術になる理由でもある。なぜなら、物象の理念的本質的な姿を把捉《はそく》し、固定したものが型であるからだ。虚飾を避け、柱・床・天井・壁・屋根・戸障子などの建築の本質的構造的要素のみによって表現される日本建築の美も、建築の本質的形相《けいそう》のそれに帰する。

つぎに無の芸術の第四様態として、暗示の芸術を取り上げる。「暗示」とは表現の無による表現とも称すべきもので、表現されていないところに、かえって大いなる意義が見出《みいだ》されることを言う。たとえば書道の「空画《くうかく》」とは、書き表された書形以上に、筆勢の暗示する無表現の部分が書の美にとって重大な意義を持つことを言う。

墨絵では「墨色に五彩あり」と言われるが、これは色を捨て、色を無に置いた墨一色の絵画を通して、絢爛《けんらん》たる多彩の美が暗示されうることを主張したものである。古田紹欽《ふるたしょうきん》[1985]はこれを、「墨絵は墨一色で描かれてはいるが、色彩を現していないというのではなく、色彩を以て現すことのできない無限の色彩を墨一色で現している。つまり、色彩を否定して、色彩を以ては現すことのできない色彩を現している」と指摘する。

禅語に「無一物中無尽蔵」という言葉があるが、まさに引算を極めたところに、足算では表現できない豊かな無尽蔵の美があるということになる。これはドイツの建築家ミース・ファン・デル・ローエの「Less is more（少ない方が豊かである）」に通ずるものがあるのではないか。

我が国の中世歌論以来、幽玄が諸芸術において尊重された理由も、暗示の芸術の精神からである。和歌や俳句も多くの言葉を無に置いて、暗示的表現に委《ゆだ》ねるものとしては、暗示の芸術としての特色も濃い。

では、暗示の芸術が暗示するものは何か。これを明らかにするには、最初の空白の芸術に戻らねばならない。空白の芸術とは、選択されたもの以外は空白(表現の無)に置く芸術であるが、この場合の空白は捨象された一切を象徴するので、それは永遠無限とつながっている。つまり、空白の芸術を根底とした無の芸術は、永遠無限なるものを個において暗示する無の芸術を意味するが、これを山口は「大静の芸術」と呼び、無の芸術の究極様態とする。

ボカシの技法を基調とする伝統的日本画の柔らかな美も、永遠無限なるもののつながりを暗示する大静の美に帰する。また華道における天地人の三枝が描き出す美も、一切の枝葉を無に置いて、簡素に徹した不等辺三角形における選ばれた花枝によって描き出された、宇宙論的に安定した大静の美である。

これを要するに、無の芸術は、我々を永遠無限なるものに導き、これと一如ならしめる悠遠なる雰囲気に浸らせる芸術ということになろう。

足算の美学

つぎに念仏仏教の美、すなわち浄土教の美について考えてみよう。禅は「不立文字《ふりゅうもんじ》・教外別伝《きょうげべつでん》」という立場が表すように、経典といった典籍の文字に頼らない。瓢簞《ひょうたん》で鯰《なまず》を捕らえるという瓢鮎図《ひょうねんず》のように、公案に基づく図案もあるが、その美の表現は基本的に悟りの体験に基づき、その世界を有形に表すことになる。

一方、浄土教の芸術は、極楽浄土や阿弥陀仏などを造形的に表現するので、その造形表現には、それを裏づける経典の記述が重要になる。つまり、経典の記述を造形的に忠実に、あるいは経典の記述に触発されて独創的に表現しようとする。

また念仏仏教の特徴は二元論にあり、娑婆《しゃば》(あるいは地獄)と対立させることで極楽浄土の荘厳を説く。源信の『往生要集』の「厭離穢土欣求浄土《えんりえどごんぐじょうど》」が示すように、穢土を厭離するには、この娑婆世界の汚さが強調され、それを鏡に浄土を欣求する気持ちも強くなるが、それは浄土の清浄さを強調することで、一層かき立てられる。

この穢土と浄土の二元論はそれぞれ正反対のベクトルに進むので、その図像表現は、穢土の穢土性、浄土の浄土性を過度に強調するようになる。よって念仏仏教の美は加上《かじょう》の美、すなわち足算の美となる。ではまず、その加上の美の典拠となる経典の描写に注目してみよう。浄土三部経のうち、『阿弥陀経』の前半は極楽浄土の景観を詳細に描く。同経ではブッダが舎利弗《しゃりほつ》（シャーリプトラ）に極楽の景観を説明するという形式を取る。では紹介しよう。

> 極楽国土には七重の欄楯《らんじゅん》・七重の羅網《らもう》・七重の行樹《ごうじゅ》あり。皆是《こ》れ四宝をもって周匝《しゅうそう》し囲繞《いにょう》せり。是の故に彼《か》の国を名づけて極楽という。また舎利弗よ、極楽国土には七宝の池有り。八功《はっく》徳水《どくすい》其《そ》の中に充満せり、池の底には純《もっぱ》ら金沙《こんしゃ》を以て地に布《し》けり。四辺に階道《かいどう》あり。金・銀・瑠璃《るり》・玻璃《はり》をもって合成《ごうじょう》せり。上に楼閣有り。亦《また》金・銀・瑠璃・玻璃・硨磲《しゃこ》・赤珠《しゃくしゅ》・碼碯《めのう》を以て而《しか》も之《これ》を厳飾《ごんじき》せり。
> 池の中に蓮華《れんげ》あり、大きさ車輪の如し。青き色には青き光あり、黄なる色には黄なる光あり、赤き色には赤き光あり、白き色には白き光ありて、微妙《みみょう》香潔なり。舎利弗、極楽国土には、是の如きの功徳荘厳《しょうごん》を成就せり。
> また舎利弗よ、彼の仏の国土には、常に天楽を作《な》す。黄金を地と為す。昼夜六時に

曼陀羅華《まんだらけ》を雨《ふ》らす。其の国の衆生、常に清旦《しょうたん》を以て、各衣裓《えこく》を以て衆の妙華《みょうけ》を盛《い》れて、他方の十万億の仏を供養し、即《すなわ》ち食時《じきじ》を以て本国に還《かえ》り到《いた》り、飯食《ぼんじき》し経行す。舎利弗、極楽国土には是の如きの功徳荘厳を成就せり。

またつぎに舎利弗よ、彼の国には常に種々の奇妙なる雑色《ざっしき》の鳥有り。白鵠《びゃっこう》・孔雀《くじゃく》・鸚鵡《おうむ》・舎利《しゃり》・迦陵頻伽《かりょうびんが》・共命《ぐみょう》の鳥なり。是の諸衆の鳥、昼夜六時に和雅《わげ》の音を出す。其の音五根《ごこん》・五力《ごりき》・七菩提分《しちぼだいぶん》・八聖道分《はっしょうどうぶん》、是の如き等の法を演暢《えんちょう》す。其の土の衆生、此の音を聞き已りて皆 悉《ことごと》く仏を念じ法を念じ僧を念ず。

舎利弗よ、汝此《なんじこ》の鳥は実に是れ罪報の所生《しょしょう》なりと謂《い》うこと勿《なか》れ。所以《ゆえん》は何《いか》ん、彼の仏の国土には三悪趣無ければなり。舎利弗、其の仏の国土には、尚《なお》三悪道の名無し。何に況《いわ》んや実《じつ》有らんや。是の諸《もろもろ》の鳥は皆是れ阿弥陀仏の法音《ほうおん》を宣流《せんる》せしめんと欲したまう変化の所作なり。

舎利弗よ、彼の仏の国土には微風《みふう》吹動し、諸の宝行樹及び宝羅網微妙の音を出す。譬《たと》えば百千種の楽を同時に倶《とも》に作すが如し。是の音を聞く者は皆自然《じねん》に念仏・念法・僧の心を生ず。舎利弗、其の仏の国土には是の如きの功徳荘厳を成就せり。

このような記述に基づき、極楽の景観が絵画などの美術として視覚的に表現される。その一つとして、ここでは、極楽の景観とともに『観無量寿経』という経典の内容を図で表した「観経変相図《かんぎょうへんそうず》（観経曼荼羅《まんだら》）」を紹介しよう。これは中国の唐代に創作されたと考えられており、敦煌《とんこう》の莫高窟《ばっこうくつ》にもその作例が確認できる。いくつかのバリエーションがあるが、ここでは日本の天平《てんぴょう》時代の作とされる当麻《たいま》曼荼羅（国宝・約四メートル四方）を紹介しよう。

すでに説明したように、『観無量寿経』はブッダが韋提希夫人に対し、極楽に往生するための一三の観法《かんぽう》を教え、その後、衆生の能力を九段階（「上・中・下の三品《さんぼん》」×「上・中・下の三生」）に分け、それぞれの能力に応じて、上品上生《じょうぼんじょうしょう》から下品下生《げぼんげしょう》までの九種類の往生の方法が説かれる。

「観経変相図」は中央に極楽の景観を描き、向かって左端には同経の序章（序文義）にあたる場面が一一分割で描かれ、右端には一三の観法（上から第一の日想観～第一三の雑想観）、下端には九段階の往生の様子（右から上品上生～下品下生）が、それぞれ一三分割と九分割で描かれている。

この変相図がどのように使われたか詳細は不明だが、往生儀礼に用いられる場合があったようだ。また室町時代になると、版画作例が開板されたが、これは下絵を墨摺《すみずり》とし、阿弥陀三尊（阿弥陀仏・観音菩薩《ぼさつ》・勢至《せいし》菩薩）には金泥が、その他の部分にも丁寧な彩色が筆によって施され、墨摺手彩色本《てさいしきぼん》が登場した。これに智光《ちこう》曼荼羅と清海《せいかい》曼荼羅とを合わせて「浄土三曼荼羅」という。詳細は割愛するが、いずれも原本は失われており、金泥を中心に彩色が施された浄土の景観が描かれている。

寺院建築

内田啓一［2009］に基づき、浄土教美術を代表する寺院建築として、平等院鳳凰堂《びょうどういんほうおうどう》を取り上げよう。平安時代に栄華を極めた藤原道長《ふじわらのみちなが》の子である頼道《よりみち》は平等院を創建した。当時の人びとからは「極楽不審《いぶかし》くば、宇治の御堂を礼《うやま》え（極楽を訝《いぶか》しく思うなら、平等院に参詣せよ）」と謡《うた》われたように、平等院はまさに「現世（娑婆世界）に出現した極楽浄土」であった。

鳳凰堂の前には宝池《ほうち》が広がるが、これは、発掘調査によれば、当時はさらに広大で、堂の直前まで水辺が近づき、翼廊などは宝池に浮かぶ姿だったらしい。つまり阿弥陀堂は水上に浮かぶ楼閣のように見え、浄土変相図の宝楼宮殿《くでん》を立体構造化した、この世の浄土であった。このように、外観は視覚的に浄土を立体的に模した構造になっているが、阿弥陀堂の内部の荘厳にも視覚的効果は遺憾なく発揮される。

阿弥陀如来が安置される須弥壇《しゅみだん》には螺鈿《らでん》がちりばめられ、柱や貫《ぬき》、組物《くみもの》や長押《なげし》にも、あらんかぎりの華麗な彩色が施された。その長押の上には雲中供養菩薩《うんちゅうくようぼさつ》の群像が配され、雲に乗って琴や琵琶《びわ》などの楽器を奏でる菩薩が極楽浄土の虚空を舞う情景が描写されている。現在は木肌を露《あら》わにしているが、かつては金色に輝く菩薩群であった。

また阿弥陀堂の四面の壁や扉には、浄土図や来迎図《らいごう》、またさきほど解説した『観無量寿経』の九品往生の様子が描かれている。つまり外観で極楽浄土全体を再現し、阿弥陀堂内部で阿弥陀仏の坐《ざ》す完璧《かんぺき》な宮殿空間を現出させた、完全無比で壮麗なる姿が平等院である。

これに倣い、極楽浄土を現世に再現した寺院が貴族によって創建された。代表的な物を挙げれば、京都の浄瑠璃寺《じょうるりじ》、法金剛院《ほうこんごういん》、法界寺《ほうかいじ》、岩手の毛越寺《もうつうじ》、福島の白水《しらみず》阿弥陀堂（願成寺《がんじょうじ》）などがある。

当時の人びとは、このような寺院を浄土に見立てたというよりも、寺院が浄土そのものであると考えた。寺院という聖域こそが現世の浄土であり、荘厳というイリュージョンによって、いまだ見たことのない浄土に見えたが、それは末法思想に基づく現世の穢土の裏返しでもあった。

日本では一〇五二（永承《えいしょう》七）年が末法元年と考えられていたが、これと呼応するかのように、国内では平安時代末期から鎌倉時代にかけて天災や飢饉《ききん》が頻発し、それが末法思想をよりリアルに感じさせたに違いない。天災や飢饉で荒廃した、地獄さながらの現世を目の当たりにした当時の人びとは、穢土を厭離し浄土を欣求して死後の極楽往生を期待したが、まだ死を迎えていない人びとにとっては、寺院が現世の浄土として見えたに違いない。こうして平安時代末期、浄土教美術は飛躍的に発展したのである。

つぎに、寺院建築の一部をなす仏像や絵画についても簡単にふれておこう。念仏仏教は機根《きこん》（能力）の低い凡夫をも対象にした仏教であるから、有相を基本とし、帰依の対象となる阿弥陀仏を具体的に描写する。素晴らしい仏像を見れば、自《おの》ずと合掌して祈りを捧《ささ》げ、来迎図を見れば、自分が臨終を迎えたときの様子を具体的に想起できるからだ。では仏像からみていこう。

奈良の東大寺《とうだいじ》の大仏（毘盧遮那《びるしゃな》仏）は『華厳経』に基づき、宇宙を貫く真理を人格化した仏を描くので、その規模は壮大になるが、阿弥陀仏の仏像の場合はそこまで極端ではない。『観無量寿経』はその身丈を天文学的な数字（六十万億那由他恒河沙由旬《なゆたごうがしゃゆじゅん》）で表現するが、実際の仏像は、平等院の仏像も三千院《さんぜんいん》の仏像も、坐像で三メートルまでである。人間よりは大きいが、ある程度のリアリティを以て描かれている。このような仏像と対峙することで、人びとは死後の極楽浄土にいる阿弥陀仏を具体的に想像した。

つぎに、来迎図を取り上げよう。来迎図の原形は「観経変相図」の下端に描かれた九品往生の図である。ここでは、人びとの現世の行いに応じて阿弥陀仏の来迎の仕方に差があることが描かれているからだ。来迎図と言えば、向かって左上から右下へと来迎する図案が一般的だが、正面から来迎する図案もある。

またこのバリエーションとして、鎌倉時代に新しい来迎図が展開した。「山越《やまごえ》阿弥陀」と称されるもので、山の向こうに阿弥陀仏が半身を出現させて来迎するというものである。いずれにしても、来迎図は自分の臨終での来迎を具体的にイメージするのに役立ったと考えられる。また実際の臨終の場面では、来迎図の阿弥陀仏の指から五色の糸が垂らされ、それを臨終者の指に結んで極楽往生を祈念した。

このように、浄土教美術は二元論を基本とし、凡夫が対峙する極楽浄土およびその教主である阿弥陀仏を具体的かつ詳細に描くので、その手法は自ずと足算(加上)の手法を採ることになる。

引算の美と足算の美の比較

簡単ではあるが両者の美の特徴をまとめたので、それを踏まえて両者の美を比較し、その違いを考えてみよう。

禅仏教は無駄を極限にまで削《そ》ぎ落とし、表現を無に限りなく近づけることで美を表現した。その評価は、岡倉天心のように「完全の一歩手前で寸止めする〝不完全の美〟」と見るか、久松真一のように「完全なるものを自己否定した〝つや消しの美〟」と見るかで評価は異なるが、その無の先にあるものは有の世界ではないだろうか。

無（＝空）に徹したときに、はじめて顕《あら》わになる豊饒《ほうじょう》な有の世界。十牛図で言えば、第八「人牛倶忘」から第九「返本還源」への展開、すなわち「真空妙有」の世界である。無を突き破った先には、真の有の美（実相）が横たわっているので、禅仏教の美は「無→有」という方向を持っている。

一方、念仏仏教の美は、これと正反対のベクトルを持つ。何度も指摘してきたように、念仏仏教は凡夫を対象とする。抽象的な無を入り口にはしない。あくまで、自己と対峙する対象が明確に有相として設定される。そして『阿弥陀経』のように、言葉に言葉を重ねて極楽浄土の荘厳をこれでもかと重ねていく。同様に浄土教美術も、華やかさを一つまた一つと造形的に重ねていくが、その先には何があるだろうか。

言語表現で言えば、言葉に言葉を重ね、それにまた言葉を重ねていくと、結局、極楽浄土は「言葉では表現できない／言語表現を超越している」ということを暗示することになる。『阿弥陀経』には「極楽の衆生には阿羅漢や声聞や菩薩がいるが、その数は算数によって理解することはできない」と説かれていることからも首肯できよう。

造形表現にしても、いくら色を重ね、仏像の数を増やしたところで、『阿弥陀経』に書かれているように、極楽の衆生の数は天文学的数字になるから、忠実に造形することは不可能だ。最終的に極楽浄土は「造形では表現できない／造形表現を超越している」ことを認めざるをえないのである。

極楽浄土は悟りの世界と同一ではないが、限りなく悟りの世界に近い場所であることは確かだ。その極楽は結局、一切の表現を超えた無の世界であることを足算の美は教えるので、その方向性は「有→無」となる。こうして両者の方向性を整理すると、禅仏教の美は還相《げんそう》的であり、念仏仏教の美は往相《おうそう》的であることがわかるだろう。

意業と身業に働きかける禅仏教

仏教は人間の行為（業《ごう》）を三業に分類することはすでに述べたが、禅仏教（坐禅〔身業〕による精神統一〔意業〕）は身業と意業を、念仏仏教（称名念仏）は口業を重視するので（また念仏の一形態として「踊り念仏」もあるので、身業も射程に入れておく）、その影響を受けた文化も自ずとその影響を受けることになる。ではまず、意業を重視する禅仏教が文化に与えた影響を整理してみよう。

中世より今日に至るまで、禅仏教は日本の文化に極めて大きな影響を与えてきた。茶道や剣道や華道など、「～道」には禅の影響が色濃く見られる。湯浅晃《ゆあさあきら》［1990］によれば、「道」の発見は「無常」の自覚に始まるという。華やかな王朝文化の荒廃から武家政権に移行する中世、父子や兄弟がお互いに殺し合うという矛盾や悲哀（人間性の疎外された非恒常性）を「無常」ととらえ、これを精神的にいかに克服するかの課題が中世における「道」の発見であった。

一服の茶に天地自然と人間が一つになった茶道の一如境、一生を旅にかけ、自然に没入して十七文字の俳句に人生を託した俳諧《はいかい》道など、人間とは何か、自然とは何か、そしてそれらを貫く本体・本質は何かという「現象の背後にあるもの」を「道」ととらえ、この実現を以て人間形成の究極点としての価値を見出したのが、我が国における道の理念の確立であった。

「道」とは本来、中国古代王朝の周の時代に発達した『易』の思想の影響を受けたものだが、生死や自他の対立を超えた自己脱落の境地を見出そうとする禅仏教は、これらの「～道」に理論的な根拠を提供したのであり、また「～道」を志向する者は、禅仏教にその拠《よ》り所を求めた。禅仏教の興隆により、より積極的に日常の平凡な行為や遊芸の背後に安定した絶対的な不動境を得ようとする道への志向と、その確立の方向が推し進められたのである。

このような「現象の背後にある本質を探究しよう」という態度は、さまざまな「芸」の実践者に「技」の奥にあるもの、つまり「技」を行う主体としての自己の内面（心）に向かわせることになるが、「～道」と禅仏教には、以下の共通項が見出される。

①専門性（専念・集中）

「只管打坐《しかんたざ》」に代表されるように、また禅は「心一境性《しんいつきょうしょう》」を意味するように、道では一つのことに集中すること（専門性）が求められる

②継承性（「家」の継承）
禅仏教では師資相承《ししそうじよう》（師弟関係）が重要であるように、道もそれを存続させることが重要になる
③規範性（「型」の習練）
継承が重要であるため、その継承すべき精神（道の本質）を入れる容器は「型」として定型化される
④身体性の重視
またその「型」は身体性を伴うので、身体を離れた型はありえない。身体技法としての型が実践者を道の本質へと導く

無我を目指す禅仏教が、芸術的性格を有していることはすでに指摘したが、道においても「現象の背後にあるもの」と接触するには、自我の働きは障害となり、無我の境地が求められる。この意味で、芸術のみならず道においても、禅仏教は大きな影響を与えたと考えられる。

ではここで、念仏仏教と対比するために、禅仏教の象徴とも言える俳句を取り上げよう。

鈴木《すずき》大拙《だいせつ》［1940］は禅と日本文化を論じた著書の中で俳句も取り上げ、「日本人の心の強味は最深の真理を直覚的につかみ、表象を借りてこれをまざまざと現実的に表現することにある。この目的のために俳句は最も妥当な道具である。（中略）それゆえ、日本人を知ることは俳句を理解することを意味し、俳句を理解することは禅宗の「悟り」体験と接触することになる」と指摘する。

芭蕉《ばしょう》以前にも俳句はあったが、鈴木によれば、「彼以前の俳句はたんなる娯楽以上の深い意味のない、一種の言葉の遊びだった」とし、俳人の中で芭蕉を最も重視する。周知のごとく、松尾《まつお》芭蕉は僧侶《そうりょ》ではなかったが、師の仏頂《ぶっちょう》和尚のもとで禅を修め、またその体験が芭蕉の句に宗教的な深みを与えた。

芭蕉の弟子の服部《はっとり》土芳《どほう》は「松のことは松に習へ、竹のことは竹に習へ、と師の詞《ことば》ありしも、私意を離れよ、といふことなり」と師である芭蕉の言葉を紹介する。これは「私意（自分勝手な判断）を離れ、対象物（松や竹）と一つになれ」と教えているが、これはまさに禅仏教が目指す無我、あるいは主客という分別を超えた直感的認識を意味している。同じく参禅体験のある明治時代の哲学者・西田幾多郎《にしだきたろう》は、これを「主客未分の純粋経験」と呼んだ。

「不立文字／以心伝心／教化別伝」を標榜《ひょうぼう》する禅仏教は、基本的に言葉に頼らないし、言葉に信を置かない。そのような禅仏教が言葉で何かを表現しようとすれば、それは十七文字という、極限にまで絞り込まれた字数の制約の中で広大な宇宙を表現しようとする俳句が一番ふさわしい。また次章でもふれるが、禅僧は詩文も好んだ。俳句にせよ詩文にせよ、禅仏教は制約のある形式の中で自己表現するのを得意とし、散文よりは韻文において本領を発揮する。

そして俳句も詩文も文字として残されるから、ここでは禅仏教の文学を「視覚型言語」と押さえておこう。これはつぎに取り上げる念仏仏教の「聴覚型言語」と対照的である。余談になるが、禅仏教は「見性成仏《けんしょうじょうぶつ》（自分の本性を見極めて悟りを開くこと）」や「脚下照顧《きゃっかしょうこ》（自分の足下を照らして顧みよ）」など「視覚」優位の仏教だが、念仏仏教は「聞名《もんみょう》（阿弥陀仏の名号を聞くこと）」や「聞法《もんぽう》（仏法を聴聞すること）」などが重視されるので、「聴覚」優位の仏教といえる。聞名は称名の前提となり、「聞法」は真宗で重視される。

口業と身業に働きかける念仏仏教

ここで、念仏仏教が文化に与えた影響を考えてみよう。念仏仏教の特徴は「称名念仏」

であるから、その文化への影響は自ずと「話す（そしてそれを「聞く」）」という口業に、そして踊り念仏は身業に及ぶ。こうして念仏仏教は唱導文学を誕生させ、踊りに関する芸能を発展させた。では釈徹宗《しゃくてっしゅう》［2011］を参考に、唱導文学からみていこう。

唱導とは、狭義では「仏典が意味することを僧侶が庶民に説いて聞かせること」を意味するが、広義では「抑揚やメロディーを伴い、経典の教えを譬喩や因縁譚《いんねんたん》を交えて唱えることにより、人びとを仏教の信仰に導くこと」を意味する。まさに「唱えて導く」のであるが、「説法／説教／法説／法談／談義」と呼ばれることもあり、日本仏教において独特の発展を遂げた。唱導は、単に仏法を説くだけではなく、聞き手の宗教感情を喚起させる演出、たとえば節やメロディーをつけて教義を語るので、話し手と聞き手に共振現象が起こる。

経典に節やメロディーをつけること自体は古代インド仏教でも行われていたが、その目的は、経典の「暗記」のためであった。というのも当時、経典は書き言葉ではなく、話し言葉で伝承されていたからだ。そのためには経典を暗記しなければならないが、暗記するためには韻文で、しかもそれに節をつけた方が憶《おぼ》えやすい。しかし、唱導における節の目的は暗記ではなく、聞き手の宗教感情を喚起させ、共振現象を起こすためであるから、その目的は異なる。

日本において唱導の技法は平安期頃から徐々に確立していった。虎関師錬《こかんしれん》の『元亨釈書《げんこうしゃくしょ》』「音芸志《おんげいし》」によれば、この頃、浄土仏教系の「安居院流《あぐいりゅう》」と天台宗系の「三井寺流《みいでらりゅう》」が二大流派であったが、結果的に三井寺流は安居院流に吸収された。安居院流は澄憲《ちょうけん》と聖覚《せいかく》の親子によってその基礎が確立し、日本の語り文化に大きな影響を及ぼした。聖覚は法然の弟子であり、また親鸞が尊敬した人物でもある。そしてこの安居院流から、落語の祖と呼ばれる安楽庵策伝《あんらくあんさくでん》が登場した。

説教の研究で有名な関山和夫《せきやまかずお》［1973］によれば、日本の話芸を究明するには三つの要素が重要だと指摘する。すなわち、「唱導文学」「咄職の系譜」「説教の歴史」である。「唱導文学」の事例として、説経節の「さんせう太夫」をもとに書かれた森鷗外《もりおうがい》『山椒大夫《さんしょうだゆう》（安寿《あんじゅ》と厨子王《ずしおう》）』や、説教浄瑠璃の演目『俊徳丸《しゅんとくまる》』をベースにした折口信夫《おりぐちしのぶ》『身毒丸《しんとくまる》』など、浄瑠璃や歌舞伎の演目のみならず、文学をも成立させていった。

「咄職の系譜」とは、「説教師／説教者」とよばれる半僧半俗の者たちによる「語り」の専門職の流れである。また近世において、戦国武将や戦国大名が抱えた御伽衆《おとぎしゅう》も、この系譜において重要な役割を果たした。

さらに「説教の歴史」だが、説教と一口に言っても、学問的に仏教を講義する「修学僧」と、民衆に語りかける「説教師／説教者」では系統を異にし、唱導文学では後者がその役割を果たすことになる。近世において日本の話芸は一気に多様化し、雅楽・俗楽・神楽《かぐら》歌《うた》などの古代からの芸能が、歌念仏・和讃・御詠歌などの中世的展開を経て、近世以降の謡曲・浄瑠璃・歌舞伎・長唄《ながうた》・浪曲・落語・講談などへと洗練されていく。

そしてこの三要素が交差する地点に立っていたのが安楽庵策伝だった。彼は安土桃山《あづちももやま》時代から江戸初期を生きた僧であり、浄土宗西山深草《せいざんふかくさ》派の総本山・誓願寺《せいがんじ》の第五十五世の法《ほっ》主《す》でもあり、『醒睡笑《せいすいしょう》』を著した。これは彼が小僧の頃から長年に亘《わた》って蓄積してきた話を全八巻の大著にまとめたもので、現在でも落語のネタとして語られる「子ほめ」や「牛ほめ」などの原型が著されているため、落語の祖と仰がれている。その後、落語と説教は互いに影響を与え合いながら、それぞれ独自の展開を遂げた。

このように、称名念仏を発達させた念仏仏教は「話す／聞く」を軸とする芸能に大きな影響を与えたが、もう一つ、空也や一遍に特徴的な踊り念仏も、日本の芸能に特筆すべき影響を与えた。これは鉦《かね》や太鼓を叩《たた》きながら歌い踊り、念仏や和讃を唱え、信心の喜びを表現する宗教行為である。

　ここから派生した盆踊りや音頭などは、現代の生活にも息づき、また伝統演劇である歌舞伎も、京都で行われた念仏踊りが起源とされている（折口［1991］）。民俗学者の五来重《ごらいしげる》［1995］は「日本の芸能の源流は、その大部分を踊り念仏に求めることができる」と述べているが、ここでは「踊り」ではなく、身体パフォーマンスの一つである「劇」を紹介しよう。その名も「阿弥陀来迎劇」である（内田［2009］）。

　これは、『往生要集』を著した源信が、脇息《きょうそく》の上に三寸ばかりの仏像を載せ、脇息の脚に紐《ひも》をつけて引き寄せたことが起源とされる。『今昔《こんじゃく》物語』や『拾遺往生伝《しゅういおうじょうでん》』などによれば、高価な織物による菩薩装束を身にまとい、仏や菩薩の面をつけた演者が、往生者のいる堂宇へ迎えに行くという形式であった。聖衆《しょうじゅ》菩薩の中でもとくに観音に扮《ふん》した人物は蓮台を手にし、その様子は『観無量寿経』などに見られるような阿弥陀仏と諸菩薩が来迎する情景をそのまま作り出していたようだ。

　絵画にしても劇にしても、阿弥陀仏や極楽浄土、そして来迎を具体的に描写するのが念仏仏教の特徴と言えよう。これからしても、浄土仏教が、宗教的エリートではなく、庶民を対象にしていたことがうかがえよう。

禅仏教と念仏仏教の違い

本章を締めくくるにあたり、芸能に対する両者の違いをまとめておく。

禅仏教は意業と身業、念仏仏教は口業と身業に働きかける力を持っていた。意業と口業の違いはわかりやすいが、身業に関与する点ではどちらも同じである。しかし、その関与の仕方は大きく異なるので、その点を整理しておく。両者の違いを際立たせるために、ここでは禅仏教に影響を受けた能と、念仏仏教の踊り念仏に影響を受けた歌舞伎を比較してみよう。

まずは、その動きが対照的だ。能の〝静〟に対して、歌舞伎の〝動〟。激しい動きもないではないが、無駄な動きを極限にまで抑えた静謐《せいひつ》な能の動きと、派手な立ち回りで見得を切る歌舞伎の動きはまさに正反対であろう。

つぎは演者の顔。能は面を被《かぶ》って顔を隠し、また面自体は変化しないが、状況とその他の動きで面に喜怒哀楽の表情を与える。そこに違った表情を読み取らせるのが演者のテクニックだ。それに比べて、歌舞伎は隈取りを顔一杯に施し、また見得を切るときの目力には鬼気迫るものがある。

最後は背景が違う。能舞台の背景にあるのは松だけだ。能舞台の背後にある板を鏡板といい、舞台正面先にあるとされる「影向《ようごう》の松」が舞台側に映ったものとされる。影向の松とは、神仏が姿を現すときの依《よ》り代とされ、演目にかかわらず、背景は同じである。一方、歌舞伎は演目に応じて背景が変わり、その色彩も多彩である。

このように、同じ舞踊でも能と歌舞伎は多くの点で好対照をなすが、その背景にある宗教が異なることを考えれば、納得できよう。

第二章で、インドの瞑想《めいそう》法には「止滅の道」と「促進の道」があると指摘した。前者は禅仏教の瞑想法だが、後者は心を高揚させていく瞑想法であり、忘我の神秘的な状態を体験させてくれるので、念仏仏教の踊り念仏はまさにこの系統に属する。

芸能にはシャーマンの所作を起源にしているものがかなりあり、シャーマンは手ぶりや足踏みを使って踊り歌いながら、忘我・恍惚《こうこつ》・憑依《ひょうい》の状態を創出する。また装飾・仮面・太鼓などの呪具《じゅぐ》を駆使し、極めて演劇的で芸能的な宗教儀礼を生んだが、踊り念仏は明らかにこの系統だ。これにより、語り手（演者）と聞き手（聴衆）は共振し、そこに宗教感情が喚起される。このように、同じ身業による舞踊も、禅仏教と念仏仏教とで、その方向性は正反対であることが確認されよう。

第七章　個人vs.集団——政治への影響

前章の「文化（美術・芸能）への影響」に続き、本章では政治に対する両者の影響力を比較考察する。昨今の統一教会《とういつきょうかい》問題で、政治と宗教の問題が再燃した。また、連立を組む与党には、日蓮仏教を奉じる創価学会《そうかがっかい》が支持する公明党が存在する。よって本章では、禅仏教と念仏仏教が政治に対してどのような位置づけ（スタンス）にあるのかを考えてみよう。これは今後の政治と宗教を考える上でも、重要な視点を提供する。

禅と武士

鎌倉時代になると、政権が天皇から武士に移行し、武家政権が始まる。これを機に、室町時代になると、政権と禅宗の結びつきは強固なものとなっていく。そこでまず、鈴木大拙［1940］に基づき、禅仏教の教えが武士の精神と親和性があることを確認する作業から本章を始めよう。

鈴木は三つの観点から両者の密接な関係を指摘する。最初の点は、禅仏教が道徳的および哲学的の両面から武士を支援したという。道徳的というのは、禅は一たびその進路を決定した以上は、振り返らぬことを教える宗教だからであり、哲学的というのは生と死を無差別に扱うからである。

この「振り返らない」ということは哲学的確信から来るが、元来、禅は意志の宗教であるから、哲学的より道徳的に武士の精神に訴えるという。哲学的見地からは、禅は知性主義に対して直覚を重んじるので、道徳的にも哲学的にも禅は武士にとって魅力がある。これが禅と武士との間に密接な関係が生じた第一の理由だ。

二つ目は、禅の修行は単純・直裁・自恃《じじ》・克己的であるから、この戒律的な傾向が戦闘精神とよく一致する。立派な武士は禁欲的戒行者（アセティクス）か自粛的修道者（ストイクス）であるから、鉄の意志を持っている。そうして、必要あるとき、禅は彼にこれを授ける。

三つ目は、禅と武士階級との歴史的つながりだ。禅を本格的に日本に紹介した最初の僧《そう》侶《りょ》は栄西だが、彼の活動は、旧来の仏教の本拠地である京都に限られていたため、新興の仏教創建は彼らの強硬な反対のために奏功しなかった。よって、栄西はある程度まで天台や真言と妥協し調和的な態度を取らざるをえなかったのである。

しかし、北条《ほうじょう》氏が居を定めた鎌倉は、このような歴史的難問はなかった。その厳格な節倹と道徳的修養、およびその強力な行政的かつ軍事的整備とで有名だった北条時代の指導者たちは、宗教に関して伝統に縛られず、新たな禅仏教を彼らの精神的な指南として抱懐した。

さて、北条氏で最初の禅の修行者となったのは、泰時《やすとき》の後を継いだ時頼《ときより》だ。彼は京都から禅匠たちを、また中国の南宋からも禅匠たちを鎌倉に招き、そのもとで禅の研究に没頭し、ついにその奥義を会得した。そして彼の家人たちも主君の範に倣った。また、その子の時宗《ときむね》も中国から来た諸禅匠のもとで禅を学び、仏光《ぶっこう》国師の教えを受けたが、それが精神的な助けとなり、時宗は蒙古《もうこ》襲来を見事に撃退。時宗はその武勇のみならず、さまざまな功績を残したが、禅を学んだことが大きく影響していると鈴木は推察する。

時頼や時宗の人格に導かれて、禅仏教は日本人の生活、とくに武士の生活に著しく浸潤した。そして禅仏教が鎌倉に影響を及ぼすにしたがい、それはまた京都にも波及していった。その結果、京都に多くの禅院が建立され、学徳ある禅匠が開山となる。足利《あしかが》幕府の将軍もまた禅の尊崇者となり、また当時の日本の天才たちは僧侶か武士になったが、この両者の精神的協力は「武士道」の創造に貢献した。

この武士道の中心思想は、武士たる者の威厳（忠孝仁義）を不断にたゆむことなく擁護することだが、この義務を果たすためには二つのことが必要になる。一つは鍛錬主義を抱持することであり、もう一つは常住死を覚悟すること、すなわちその機に臨めば、躊躇《ちゅうちょ》なく身命を放擲《ほうてき》することだが、そのためには多くの精神上の修養が必要となる。

死の念は、一方では固定した生命の有限を超えさせ、他方では日常生活を真面目に考えさせる働きを持つので、真面目な武士が死を克服しようとして禅に近づくのは当然である。『葉隠《はがくれ》』には「生死を離るべき事、武士たるものは、生死を離れねば何事も役に立たず、万能一心と云《い》ふも、有心のやうに聞ゆれども、実は生死を離れたることとなり」とある。このように、「無心」の心に達すれば一切が成就するが、それは死とか不死とかの問題に煩わされぬ心の状態であるから、禅との親和性は一目瞭然《りょうぜん》であろう。

戦国時代の名将である武田信玄《たけだしんげん》も上杉謙信《うえすぎけんしん》も出家し、禅の愛好家であったことをも考え合わせると、禅仏教がいかに武士の精神に合致したかがわかるだろう。

為政者と禅

武士の精神と禅仏教の親和性が明らかになったところで、室町時代を中心とした、当時の為政者と禅仏教との関わりを、原田正俊《はらだまさとし》［2010］を参考にみていこう。

室町時代、天皇を中心とする公家と将軍を中心とする武家が共存する京都は、政治経済の中心地「花の都」として成長し、公家文化と武家文化が融合して、新たな室町文化を開花させたが、とくに禅仏教と大陸文化の影響は室町文化に大きな影響を与えた。

まず指摘すべきは、渡来僧の存在だ。北条氏による積極的な渡来僧の招聘《しようへい》により、日本列島に南宋や元《げん》の文化が流入してきた。その一方で、鎌倉末期から南北朝時代にかけては、禅僧を中心に日本から中国へ留学したので、日本と東アジアの交流は極めて活発だった。このような活発な禅僧の往来と、それにともなう唐物《からもの》の流入は大陸の宗教と文化を大量にもたらし、仏教界と文化に大きな変動をもたらした。

鎌倉後期には、既存の仏教勢力に対抗するため、幕府は武家政権の精神的支柱となった新興の臨済宗を保護し統制する政策を採り、中国の五山《ござん》制度を意識して、鎌倉の建長寺《けんちようじ》や円覚寺《えんがくじ》を五山の寺格に据えていたようだ。後醍醐《ごだいご》天皇も五山制を強く意識し、これを国政上に位置づけた。

室町時代になると、足利尊氏《たかうじ》・直義《ただよし》兄弟は後醍醐天皇の冥福《めいふく》を祈る目的で天龍寺《てんりゆうじ》を建立し、これによって五山の改定が行われると、第一位は建長寺・南禅寺、第二位は円覚寺・天龍寺、第三位は寿福寺《じゆふくじ》（鎌倉）、第四位は建仁寺《けんにんじ》、そして第五位は東福寺《とうふくじ》とし、浄智寺《じようちじ》は准五位に位置づけられた。このように、室町時代にも五山は国家的な認定を受けた序列であった。

しかし、足利義満《よしみつ》によって相国寺《しょうこくじ》が創建されると、五山の序列は改定され、五山之上に南禅寺《なんぜんじ》、第一位は天龍寺・建長寺、第二位は相国寺・円覚寺、第三位は建仁寺・寿福寺（鎌倉）、第四位は東福寺・浄智寺、そして第五位は万寿寺《まんじゅじ》・浄妙寺《じょうみょうじ》となり、後世にまで続く五山の序列が確定した。このように、五山禅宗は、武家政権が京都に定着することにより、公武の政権が位置する京都を中心に編成されたのである。そして五山のもとに十刹《じっせつ》・諸山が指定され、全国に五山派禅宗のネットワークが形成された。

日本の禅宗は中国の禅宗の影響を強く受けているが、その中国の禅宗で独自に誕生したのが「清規《しんぎ》」だ。インド仏教以来の戒律文献とは別に、日常生活を修行と見なす禅仏教は、禅院での修行生活と行事の内容を清規として定め、住持《じゅうじ》（長老）を頂点とする禅仏教独自の職制（執行部のようなもの）を設けているが、日本の禅宗もこれに倣った。多くの役職がある中で、ここでは「首座《しゅそ》／書記／蔵主《ぞうす》」三つを取り上げる。

首座は「僧堂内で大衆を率いて修行を管理」、書記は「禅院内での公文書の発給」、そして蔵主は「大蔵経の管理」を分掌した。この三者は問禅役の侍者を相手に公開の場で住持（長老）に代わって秉払《ひんぽつ》（払子《ほっす》を手に取って説法すること）の儀式を行い、認められれば、その証明を受けて各地の諸山の住持に推挙される。こうしてつぎは十刹、そして最後は五山へと昇進することを望んだ。こうして禅宗寺院における出世のレールが完備する。

この秉払の儀式のために、詩文の研鑽《けんさん》が必要となる。住持就任にともなう推薦状は四六《しろく》駢儷文《べんれいぶん》（六朝《りくちょう》時代の漢文の主流となった技巧的な文章）で書かれるので、五山僧たちは競って詩文や中国の古典や禅の語録を学んだ。このように、禅僧たちは悟りの追求よりも、詩文の才能を磨くことが重要視されていく傾向にあった。

五山の禅僧は室町幕府と密接な関係を形成して、一種の文官的な性格を持ち、登用されるためには学問に励み、詩文の才能を磨くことが求められた。こうした制度により、有能な人材が大量に流入することになる。また将軍との関係の深まりを求めて、守護大名をはじめとした武家の師弟も多数入門した。これによって、五山禅宗の思想と文化は武家社会に大いに受け入れられていったのである。

武士の教養としての禅仏教

室町殿は五山への御成《おなり》（外出）を繰り返した。足利義満のケースをみてみよう。義堂周信《ぎどうしゅうしん》は幕府より建仁寺住持を命じられて、鎌倉から上洛《じょうらく》したさい、義満の迎えを受けた。義満は自ら出迎え、退出時には簾《すだれ》の外まで見送るほどの厚遇ぶりであった。義堂は夢窓派の有力な僧であり、五山僧の中でも目立った存在であるが、この事実から五山の住持位に就く禅僧に対する手厚い処遇が注目される。

これはほんの一例だが、こうした義満をはじめ室町殿の五山への御成は頻繁であったようで、折にふれ禅宗の法会を聴聞し、禅僧たちとの会話の中でその教えを学んだ。義堂は頻繁に義満をはじめとする守護大名たちに禅語録や儒学の講義を行い、彼らの教養の中には、着実に禅宗の思想や公案を通した禅僧の逸話が根づいていった。

また、室町殿をはじめとした上層武士は禅院を訪れ、禅院の方丈・客殿・書院に飾られた書画・墨跡・唐物の文具や調度に接し、禅僧の解説によって画題や墨跡の内容を知り、唐物のあふれる空間から文化的な影響を受けた。

さて、日本の禅宗寺院の伽藍《がらん》で、大陸と大きく異なるのは塔頭《たっちゅう》の増加だ。本来、塔頭とは、高僧の塔（墓）があるところを指すが、転じて大寺院内の小寺院（あるいは別坊）を意味する。有力な禅僧たちが老後を送る場所としても機能するようになるが、室町時代になると、禅僧たちは塔頭内にさらに軒号をつけた住居や書斎を構えるようになる。そして建前としては隠棲《いんせい》の風を重んじ、京都の五山内にあっても山居している雰囲気を作り出そうとした。

五山僧の詩文集を見ると、多くの書斎にちなむ詩文が残されているが、禅僧たちは五山という世俗と極めて密接な寺院に居住しながらも、禅僧として隠遁《いんとん》の生活に憧《あこが》れていたことが窺《うかが》える。こうした風潮は将軍邸内の書院や書斎にも影響を及ぼしていく。

義満が造営した室町第《てい》や北山殿《きたやまどの》には、禅仏教の影響が見られる。たとえば、北山殿にある舎利殿（金閣）・護摩堂・懺法堂《せんぼうどう》などのさまざまな建物は庭園の中に巧みに配されているが、舎利殿を庭園の焦点として位置づける手法は、夢窓疎石の作になる西芳寺《さいほうじ》庭園に倣ったものと言われている。

権力の絶頂期にあった義満が死去すると、義持《よしもち》は自らの御所を尊氏・義詮《よしあきら》ゆかりの旧御所地である三条坊門に造営し、禅院に倣って相府《しょうふ》十境を定めたが、義持が義満に倣い、坐《ざ》禅《ぜん》のための禅室を構えていることは注目される。

その禅室・探玄《たんげん》については仲方円伊《ちゅうほうえんい》が頌《じゅ》を作り、大岳周崇《だいがくしゅうすう》が扁額《へんがく》を書いているが、それによれば、我が国は仏教をもって天下を治めるとし、義持は仏教の教えを聞いて理を窮《きわ》め、性《しょう》を尽くして、人を無為の化《け》に導くとしている。

義持は禅への理解が深かったようで、父である義満の肖像画に禅僧のごとく賛を付し、その内容は宋の大慧宗杲の偈《げ》を借りている。また、瓢鮎図《ひょうねんず》を描かせ、五山僧に賛文を書かせたことは有名だ。つまり、当時の為政者たる武家は禅宗への関心が高く、禅宗生活への憧れが極めて強かった。まさに禅仏教は当時の武家の教養であったのである。

以上、簡単ではあるが、原田に基づき、室町期の政治と宗教（禅仏教）の関係をみてきた。政治はすべてを管理しようとするので、宗教もその例外ではないが、その一方で禅仏教は武家にとって欠かすことのできない教養となり、彼らの行動指針ともなった。つまり、禅仏教は為政者〝個人〟に働きかけ、彼らの〝個〟を支える役割を果たしたのである。

念仏仏教と政治――一揆という手法

つぎに念仏仏教と政治の関係を概観してみよう。禅仏教が〝個人〟に働きかけるのに対し、念仏仏教は〝集団〟に働きかける力を持つ。無論、念仏仏教も個人の安心や救済に資する教えではあるが、結果としてそれは集団を束ねる働きを持つ。その理由は後ほど示すとし、ここではそれを「一揆《いっき》」という視点から考えてみよう。

本来「一揆」とは、「道・方法を同じくすること／心を同じくしてまとまること」を意味するが、中世の日本史においては「血縁・地縁の武士が団結して行動すること／支配者への抵抗・闘争などを目的とした農民の武装蜂起《ほうき》」を意味する。またその一揆も、土一揆

（農民などが起こした一揆）・国一揆（国人〔農村に住む武士〕と農民が起こした一揆）・一向一揆《いっこういっき》（一向宗〔浄土真宗〕を信仰する武士や農民が起こした一揆）などの違いがあるが、ここでは一向一揆を扱う。また同じ宗教系の一揆として、法華《ほっけ》一揆にも言及する。以下、神田千里《かんださと》［2010］に基づき、説明しよう。

日本中世における宗教一揆の真相を明らかにするため、神田はまず宗教一揆の通説を提示する。それはつぎの二点に集約される。一つは、その運動や武装蜂起が特定の宗派・教団を主たる担い手としていること、たとえば一向一揆であれば真宗本願寺派《しんしゅうほんがんじは》であり、本山の本願寺派および本願寺派寺院の僧侶を指導者とする点である。もう一つは、宗教一揆が統一政権の担い手として登場した織田信長《おだのぶなが》に弾圧され、解体されたとみる点である。

しかし、このような見方は、近年の研究により、再考を迫られている。中世ヨーロッパの異端運動になぞらえたような、これまでの闘争モデルに基づく宗教一揆は、再検討の余地があるという。そもそも「宗教一揆」という場合、信仰の弾圧に抗して信徒が一揆を結び蜂起したか（護教運動）、あるいは教祖の教義に基づく理想に則《のっと》った宗教王国を実現しようとしたか（宗教王国運動）、いずれかの宗教運動を想定するのが普通だが、一向一揆はこうした観点ではとらえることができない。

一向宗がしばしば支配者に警戒され、取り締まりを受けたのは確かだが、宗旨そのものに対する弾圧とみることはできないし、真宗の教義そのものが領国大名に危険視された事例もない。また一向一揆は宗教王国運動でもない。というのも、この世ならぬ宗教王国の理想（極楽浄土）を現世で実現しようとする意図は、当時の本願寺教団には見出《みいだ》されないからだ。極楽浄土はあくまで来世の話なのである。ではなぜ、教団構成員を主とした一揆が頻発したのか、最新の研究に基づき紹介しよう。

まずは山門延暦寺《さんもんえんりゃくじ》の衆徒が京都東山《ひがしやま》の大谷《おおたに》本願寺を襲撃・破壊し、近江《おうみ》の門徒にも攻撃を加えた「寛正《かんしょう》の法難」を取り上げよう。これは伝統仏教による鎌倉新仏教への弾圧と一般に考えられているが、実はそうではない。幕府要人の支持を背景に信者を増やしていた本願寺教団と、それに警戒を強めた山門延暦寺との〝私闘〟というのが「寛正の法難」の実情である。

つぎに、加賀《かが》一向一揆をみてみよう。教科書的には「一四八八年、加賀の国の守護大名の富樫政親《とがしまさちか》の一向宗弾圧に反対し、一向宗の信者がおこした一揆である。富樫政親を滅ぼした後、約百年にわたり、信者たちによって領地の支配が行われた」と説明されるが、実際はどうだったのか。

これは応仁《おうにん》の乱の対立が波及して、守護大名家が東軍方の富樫政親と西軍方の富樫幸千代《こうちよ》に分裂したことを背景とする。当時、すでに北陸で地歩を得ていた真宗高田《たかだ》派は、北陸に教線を拡大しつつあった本願寺勢力に危機感を抱き、加賀国守護・富樫幸千代を味方につけた。となると、本願寺門徒が富樫政親と結ぶのは必然である。結果としては、「法敵打倒の聖戦」をスローガンに戦った本願寺派が、高田派と守護大名に勝利した。

しかし後に、本願寺門徒たちは富樫政親と対立し、今度は守護大名家の別の一員である富樫泰高《やすたか》を擁立し、富樫政親を滅ぼした。よって、この加賀一向一揆を守護大名を打倒した宗教一揆とみるのは、二重の錯誤となる。

第一に、本願寺門徒が擁立した富樫泰高は、この後、加賀国守護として一般に認識されていたので、守護大名を倒したのではなく、守護家の内紛に過ぎない。第二に、これは単に泰高を擁立した勢力が本願寺門徒中心であったというだけで、護法も宗教王国もまったく問題になっていない。

以上は現地の政治対立に関わるものだが、幕府政治に関するものも起こっている。その要因は将軍家内の対立や、幕府有力者間の政治対立であり、教義や信仰とは無関係であった。つまり、これらは将軍家や幕府内部の政治抗争に本願寺が介入し、門徒が動員されたというのが実情なのである。

織田信長と一向一揆——石山合戦

最後に、一向一揆の中で最も象徴的な「石山合戦《いしやまかっせん》」を取り上げる。ここでもまず、教科書的な通説を確認する作業から始めよう。一般に、石山合戦はこのように説明される。

一五七〇年から一五八〇年に起こった織田信長と浄土真宗本願寺派との戦いのことで、織田信長が浄土真宗本願寺派の本山である石山本願寺を手に入れようとしたことが戦いの原因とされる。浄土真宗本願寺派は、法主《ほっす》の顕如《けんにょ》をリーダーとし、各地で一向一揆を起こし信長と戦ったが、結局、顕如は朝廷の仲介で織田信長と和議を結ぶことを決断した。これにより、顕如は一五八〇年に石山本願寺を退去し、織田信長に明け渡されたことで、石山合戦は終結した。

では、実際どうだったのか。基本的にこれも、幕府に集まった支配層をめぐる抗争から生じたものである点を押さえる必要がある。信長に擁立される将軍・足利義昭《よしあき》と信長が畿《き》内《ない》を征圧し、義昭・信長に追放されるまで足利義維《よしつな》の子・義栄《よしひで》を擁立して実権を握っていた三好三人衆《みよしさんにんしゅう》が反撃を開始し、さらに近江六角《ろっかく》氏、越前朝倉《えちぜんあさくら》氏、近江浅井《あざい》氏などが蜂起したが、本願寺は三好三人衆に呼応する反信長勢力の一員として、諸国門徒を動員し蜂起した。

そもそも顕如は足利義昭を擁立した信長の入京を歓迎する書状を送っており、両者に公然たる敵対関係はなかった。後に武田信玄が信長に反旗を翻し、足利義昭が信玄に呼応すると、本願寺は義昭・信玄に味方したが、信玄の病死により義昭は信長に敗れ、信長が朝倉氏と浅井氏を滅ぼすと、本願寺は信長に和睦《わぼく》を申し入れ、信長もこれを了承した。

しかしその翌年、越前で一向一揆が蜂起し、朝倉氏滅亡時に織田方に寝返って越前の大名になっていた朝倉氏家臣・前波長俊《まえばながとし》を滅ぼして領土を征圧すると、本願寺自身、信長に対して大坂《おおさか》で蜂起。信長は伊勢《いせ》国長島《ながしま》を拠点とする一向一揆を征圧し、殲滅《せんめつ》作戦を行使して、無差別殺戮《さつりく》を行った。また本願寺門徒を真宗高田派に強制改宗させているので、信仰上の迫害に見えるが、高田派も真宗であるから、信長は真宗の教義自体を敵視してはない。

このときも本願寺は和睦を乞《こ》い、それを信長は赦免した。

一五七六年、毛利氏の庇護《ひご》を受けて備後《びんご》国にいた足利義昭は、上杉謙信・武田勝頼《かつより》・北条氏政《うじまさ》を味方につけて京都復帰を目指した。こうして反信長包囲網が形成されると、本願寺も義昭に呼応し、信長に三度目の交戦を開始した。大坂には諸国の門徒が終結して籠城《ろうじょう》戦を行った。これが「石山合戦」である。

一五七九年、劣勢に立った本願寺に対し、信長は朝廷を動かして和睦が勧告され、本願寺は寺地を手放して大坂を退去することを代償に、諸国の本願寺教団の存続を認めるとの協定がなされ、石山合戦は終息した。

このように、この抗争は常に本願寺側から交戦を開始しているので、宗教弾圧に本願寺が抵抗したという宗教一揆ではないことは明白だ。また信長は本願寺に対し、穏やかな「赦免」を行っているので、真宗の教義自体を敵視した宗教弾圧とは言えない。さらに、殲滅作戦による無差別殺戮は、戦国期の戦闘において大名同士の合戦で一般に用いられたものであり、信長と一向一揆の本質的な敵対関係を示すものではない。

確かに信長は寺院を統制し、宗教団体や宗教勢力に敵対したが、一方で仏教者や仏教寺院の特権を承認していた事例も少なくない。戦国大名は領国内で俗的支配と宗教者や宗教団体の存続との両立を目指していたというのが実情だ。

したがって、信長が一向一揆の解体を意図し、宗教にも抑圧的な態度で臨んだという通説には根拠がない。これはむしろ、本願寺と諸大名との同盟関係によって戦場に動員される本願寺門徒の立場が反映されているとみる方が合理的である。ではなぜ、石山合戦が事実とは異なる通説の内容に変容してしまったのか。その理由を考えてみよう。

神田は二つの理由を挙げる。第一は東西両本願寺派の正統性をめぐる論争、第二は江戸時代に本山が門徒たちに先祖の篤信の物語として喧伝《けんでん》した「石山合戦譚《たん》」である。先《ま》ずは前者から整理してみよう。

石山合戦の最後、顕如は信長の講和を受け入れたが、嫡子の教如《きょうにょ》は大坂に残留して抗戦続行を主張したことで、教団は二分される。結局、教如は信長に降伏し顕如に詫《わ》びを入れたことで当座は収まったが、教如は法主の地位を継げず、後に東本願寺を始めたことで、東西両派はその正統性をめぐって論争を繰り広げる。

西本願寺は教如の違約に遺恨を持った信長が本願寺を滅ぼそうとして軍勢を派遣した「鷺森《さぎのもり》合戦」という事件を捏造《ねつぞう》し、教如の違約を問題視し批判した。一方の東本願寺もこれに対抗し、教如の違約にかかわらず、信長は本来本願寺を敵視し、滅ぼす意図があったと主張した。これにより、「反信長」という点で両者は奇《く》しくも一致し、その結果、本願寺に敵対的な信長像が定着したという。

この信長像は東西両派の論戦を離れて一人歩きするようになり、石山合戦は法敵の信長と篤信で本山に忠義な門徒との合戦物語として語り継がれるようになった。一八世紀の軍記物に、篤信門徒の武装蜂起を著す「一向一揆」の語が登場する。こうして、民衆の宗教運動である一向一揆の蜂起と、「天下人」織田信長によるその圧政という筋書きは通説として定着していった。

禅仏教と念仏仏教の比較

両者の政治に対する関係性を概観し終えた。では、最後に両者を比較し、その違いを明確化してみよう。

禅仏教では、各個人が自分の心と向かい合うので、禅者自身が横につながることは基本的にない。また政治との関係で言えば、為政者の行動指針（生き方）として禅仏教は機能する。一方の念仏仏教は、一揆に代表されるように集団を束ねる働きを持ち、また政治との関係で言えば、為政者ではなく、庶民が集団となって為政者に対抗する力として機能する。ではここで、念仏仏教における集団性について私見を示そう。

念仏仏教の行は「念仏」である。法然以降、念仏は「観想念仏」ではなく、「称名念仏」

が主流となった。これは「南無阿弥陀仏」と声に出して称《とな》えることを意味するが、これは阿弥陀仏を救主とし、その阿弥陀仏に帰依（南無）することを表明するので、信者はすべて同一の帰依の対象を持つ。信者がいくら増えても、帰依の対象は阿弥陀仏の一仏なので、念仏仏教の信者は阿弥陀仏という共通項ですべてつながる。

また真宗の場合、法主は親鸞の血縁で相続されるから、なおさらその結束力は堅くなる。こうした念仏仏教の教義、および真宗という教団体制が一向一揆の背景にあったと考えられる。とはいえ、法主が門徒を勝手に動員できる絶対的権力を握っていたわけではない。門徒全体の意向に支えられた法主の権威は絶対であり、その動員は強大であったが、その強大な動員力は門徒の承認を得てこそ発揮できた。よって、本願寺自身の政治的利害による動員のさいにも、「仏法」のため以外の動員はしないという蓮如《れんにょ》の原則は守らざるをえなかった。このため、本願寺は「本願寺の危機はすなわち「仏法」の危機である」という論理によって門徒動員を行ったのである（神田［2010］）。ここで確認したように、実際の一向一揆は宗教一揆ではなかったが、建前は「仏法の危機」と称して門徒を動員したのである。

ではなぜ、これほどの動員をかけることができ、また多くの門徒はそれに従ったのか。

この違いを、つぎのような掛算で表現してみよう。

・禅仏教＝1×100
・念仏仏教＝100×1

双方に百人の信者がいるとしよう。禅仏教は内なる自己と対峙《たいじ》するため、百人の個人が百様にバラバラと存在するだけで、集団を形成しない。一方、念仏仏教は阿弥陀仏を共通項（ハブ）として全体が一つにまとまるので、集団の力は百となる。これが禅仏教と念仏仏教の違いである。

この念仏仏教の理屈は、日蓮宗やキリスト教にも当てはまる。日蓮宗の行は唱題（「南《な》無《む》妙法蓮華経《みょうほうれんげきょう》」と声に出して唱えること）だ。これは『妙法蓮華経（＝法華経）』に対する帰依を表明する行だから、『法華経』を共通項として信者に紐帯《ちゅうたい》が生まれる。日本の戦国時代に、一向一揆とならんで法華一揆も勃発《ぼっぱつ》したが、理屈は同じだ。

またキリスト教も同じ構造を持つ。これもイエス・キリストを救主とする宗教であるから、これを共通項として信者に同じ帰属意識が芽生え、信者を団結させる力を持つ。こうして島原《しまばら》の乱は起こった。そう考えると、通常の宗教は絶対者に対する信仰を前提とするから、自己の外に絶対者を持たない禅仏教は宗教の形態として特異であることが分かる。

ともかく、信仰の対象を同じくする宗教は信者同士の横のつながりを形成しやすく、何か事態が発生すれば、結束する力を持つが、その中でも日蓮宗は政治に関して特別である。本書の本題からは脇道にそれるが、その点を簡単に整理してみよう。

鎌倉新仏教以前、日本には鎮護国家の仏教があった。仏教によって国家を鎮護するという思想である。しかし鎌倉新仏教は、その対象を国家から個人に移し、個人の悟りや救済をめざす仏教に脱皮していく。しかしその中で、栄西と日蓮は鎮護国家の思想も重視した。栄西の著『興禅護国論（禅を興して国を護《まも》る）』と日蓮の著『立正安国論《りっしょうあんこくろん》（正法《しょうぼう》〔法華経〕を立てて国を安んずる）』のタイトルを見れば明らかだ。

とくに日蓮仏教は政治と深く結びつき、『法華経』に基づく政治をすれば国は安泰になると説いた。なおかつ念仏仏教と違い、日蓮は〝この世に〟浄土を建立しようとしたので、その熱量もかなりのものとなる。その情熱的な日蓮に強く影響を受けた熱烈な信者が、明治以降に新たな宗教を起こし、政界に進出したことは周知のごとくである。

創価学会を支持母体とする公明党は現在、自民党と連立を組むが、かつて自民党は公明党を敵視した。しかし、結束力を持つ創価学会は集票という点で極めて魅力的ゆえ、自民党としても無視できない存在となっている。最近では統一教会の問題が取り沙汰《ざた》されているが、これもキリスト教という、救主を同じくする宗教の結束力を政治は利用してきたのだ。

同じ仏教でも、個と向き合う禅仏教は為政者の行動に影響を与えるという利点はあっても、集団を束ねるという点では力を発揮しにくい。一方の念仏仏教は、来世での往生を語るので、この現世をどうするかという為政者の行動に直接働きかける力は弱いが、集団を束ねるという利点を持つので、政治利用されやすい。とすれば、現世での浄土建立を目指し、『法華経』を共通項に堅固な集団を形成し、なおかつ政治と深いつながりを持つ日蓮の仏教が現在の日本で最も政治に深く関与する宗教として機能しているのも肯《うなず》けよう。

第八章　坐禅 vs. 念仏——心理学的考察

ここまでは禅仏教と念仏仏教の相違点を中心に話を進めてきたが、最終章では両者の共通点に焦点を当てることにする。禅も念仏も同じ仏教の行であり、またどちらも最終的に悟りを目指すとすれば、心理学的に両者は共通項を持つはずだ。実際に歴史をひもとくと、過去の仏教者たちは、意識的か無意識的かは別にして、両者の融合を試みてきた。それを最後に確認しよう。

流れを変えた法然仏教

坐禅《ざぜん》も念仏も本来は精神の集中に関わる行であり、双修されてきたことはすでに確認したが、両者が決定的に袂《たもと》を分かったのは、法然の仏教が影響している。「坐禅も念仏も」という仏教は、法然の出現により「坐禅か念仏か」の選択を迫られ、以来、両者は別々の道を歩むことになった。つまり、法然は、本来「観想念仏」であった念仏を、善導の解釈に従って「称名念仏」に変更し、念仏の意業《いごう》的側面を一切捨象して、念仏を口業《くごう》に純化させたのである。

また法然以降、「専修《せんじゅ》(一つの行を専ら修す)」の考え方も定着する。それまで仏教の出家者は、さまざまな行を「あれもこれも(A and B)」修していたが、法然が専修の仏教を提唱したことで、「あれかこれか（A or B）」を迫られることになる。以降、法然仏教は鎌倉新仏教に大きな影響を与え、親鸞は「信心」、道元は「只管打坐《しかんたざ》（ひたすら坐禅すること）」、日蓮は「唱題（題目を唱えること）」に特化した仏教を唱えた。

この法然の仏教を、梅原猛《うめはらたけし》［2000］は「彼に視点をおいて鎌倉仏教およびその後の仏教をながめれば、ほぼ日本仏教が全体として見渡すことができるであろう。（中略）また、法然に視点をおけば、それ以前の仏教も十分見通すことができるのである」、また阿満利麿《あまとしまろ》［1989］は「日本精神史という河の流れのなかに、法然という大きな州ができたとしよう。そのために、今までの河の流れが大きく変わることになった」と表現する。まさに法然の出現によって日本仏教は大きく変節し、念仏の主流は称名念仏となる。

しかしながら一方で、その主流とは別に、亜流ながら「坐禅も念仏も」あるいは「坐禅と念仏」を試みる仏教者も出現した。とくに江戸期以降、両者は再接近し、坐禅から念仏へのアプローチがしばしば見られる（その逆はほとんどない。なぜなら、難行〔禅〕は易行〔念仏〕を兼ねられるが、易行は難行を兼ねられないからである）。そこで、禅と念仏の双修の歴史を整理してみよう。

中国における坐禅と念仏の双修

まずは坪井俊映《つぼいしゆんえい》［1983］を参考に、中国における禅と念仏の双修の事例を概観する。禅宗の第五祖・弘忍は、坐禅を学ぶ初学者に『観無量寿経』による観法《かんぽう》（瞑想法《めいそう》）を勧めた。これは、同経に説く十六想観を取り入れた禅浄双修（禅と念仏の双方を修すること）と考えられる。また、百丈懐海《ひやくじようえかい》が病僧に南無阿弥陀仏と称《とな》えることを説き、覚霊《かくれい》（亡者への追善供養）の資助に十念の称名を説くのは、称名念仏を取り入れた禅浄双修と言える（後述）。

さらに、永明延寿《ようみようえんじゆ》が日没時に別峯《べつぽう》に往《ゆ》いて行道しながら念仏したといわれていることは、時間を隔てて禅観と念仏とを双修したことになる。この他にも、禅観を修するにあたり、心を統一するための手段として弥陀の名号を称えた例もみられる。さらにまた、禅家の徒にして、他生の開悟を期して浄土往生を願った人もいる。このように、中国の禅僧には念仏を双修した人が少なからず存在した。では、これらの中から、百丈懐海に関するケースをさらに詳しくみていこう。

禅の語録には念仏が出てこない。では禅僧が念仏を称えなかったかというと、実はそうではない。現在の日本に伝わる中国禅宗の実質的な創始者が馬祖道一であることはすでに述べたが、その馬祖の弟子である百丈懐海は『百丈清規《ひやくじようしんぎ》』を著した。しかし、これは散逸したので、元代に東陽徳輝が復元し改修したものが『勅修《ちよくしゆう》百丈清規』である。この中には「病僧念誦《びようそうねんじゆ》」という項目があり、ここに念仏が説かれているので、平野宗浄《ひらのそうじよう》［1983］から紹介しよう。

「病僧念誦」とは、禅の修行僧が、悟った僧も悟らぬ僧も病気になったとき、両者とも等しく念誦（仏の名を称え誦《しよう》すること）することをいう。病は悟りの有無にかかわらず、すべての人に平等に訪れるが、この「病僧念誦」によると、僧が普通の病気に罹《かか》れば十仏名を称え、病が重くなれば阿弥陀仏の名号を称えることになっている。いくら禅の修行僧でも、病気に罹れば平常の修行の功徳は役に立たない。病気で苦しいときはただ苦しむだけで、あとは仏の導きに任せるしかない。というわけで、禅宗の修行道場に「病僧念誦」が存在する。

禅とは「生死を脱却することだ」と決めてかかり、死ぬ前に生死を超越したような言動をとれば禅坊主らしいといい、死ぬ前に念仏を称えれば禅坊主らしくないというが、それでは禅僧とは格好ばかりで一生を終わることになり、それでは本当に生死に立ち向かったことにならないと平野は指摘する。

また、病気のときには念仏を称えて阿弥陀仏の御厄介になったので、死んだ後も阿弥陀仏に面倒をみてもらうことになる。『勅修百丈清規』以来、今日に至るまで、臨済禅の儀式として定着している「山頭念誦《さんとうねんじゅ》」がある。これは葬場（山頭）で称えられる念誦文であり、ここに阿弥陀仏による極楽往生の祈願が見られる。当時、念誦文は平僧用のものであったが、現代日本の臨済宗はこれを在家用に使用している。

『勅修百丈清規』には尊宿《そんしゅく》（位の高い僧侶《そうりょ》）用の「山頭念誦」があり、内容は少し違うが、念仏を唱和するところは同じである。ただし、面白いのはその発音の仕方であると平野は言う。「山頭念誦」の中に「南無西方極楽世界大慈大悲阿弥陀仏」とあるが、これは「ナムシイホウキラシカイダイズダイヒオミトフ」と中国語式の発音で読むという。禅僧が「ナムアミダブツ」と日本語で称えるのが恥ずかしく、一般の在家の人びとが聞いても念仏とわからぬようにするためではないかと平野は指摘する。

念仏禅を軽蔑《けいべつ》し排撃してきた臨済宗の禅僧が、亡くなったら皆そろって「ナムアミダブツ」では矛盾も甚だしく、反省するのが当然だが、今までほとんど問題にされたことがないという。このような状況を、沖本克己《おきもとかつみ》［1983］は「エリートの仏教である禅宗が、大衆とかかわる時、そこで矛盾的に念仏と共存することになる」と指摘する。

ではつぎに、天台仏教における禅と念仏の融合を紹介しよう。天台大師智顗は『法華文句《ほっけもんぐ》』（『法華経の』経文の解釈）、『法華玄義《げんぎ》』（『法華経の』経題の解説）、そして『摩訶止観』（天台の実践方法の説明）という天台三大部《さんだいぶ》を著して中国天台の大成者となったが、『摩訶止観』には四種三昧《ししゅざんまい》が説かれている。すでに第二章で取り上げたが、その具体的な内容を簡単に示すと、以下のとおり。

①常坐三昧
静かな場所で一期《いちご》九〇日の間、黙してもっぱら結跏趺坐《けっかふざ》し、諸法の実相（真実の姿）を観ずる。

②常行三昧
九〇日を一期とし、その堂内に阿弥陀仏を安置してその周りを行旋《ぎょうせん》する。そのさい、口に南無阿弥陀仏と称え、阿弥陀仏やその世界（極楽浄土）を念じる。

③半行半坐三昧
坐禅と行道を併せ行う。そのさい懺悔《さんげ》や誦経《ずきょう》も行う。

④非行非坐三昧

形式や日時を問わず、日常において心の働きが起こるときに、その心を観察するものであり、日常生活すべてが修行の場となる。

このように、天台においても坐禅と念仏は双修されていた。そして日本の天台宗でも、この四種三昧は最も古い基本的な修行として、現在まで実践されているのである。

一遍の仏教

ではつぎに日本仏教の事例を取り上げよう。

法然が従来の念仏観を刷新したことはすでに述べた。それは往生の業として称名念仏を選択しただけのことであり、念仏を繰り返せば精神が集中し、何らかの宗教体験を結果としてもたらすこともある。事実、法然は六万遍の念仏を日課としていたので、三昧発得《ほっとく》(宗教体験・神秘体験)をしたとされる。ただし、それを往生の条件としなかったというだけであり、念仏による宗教体験自体は否定しなかった。

これは、時宗の開祖とされる一遍にも当てはまる。彼は法然門下であった証空《しょうくう》の孫弟子に当たるので、称名念仏を重視したことは間違いないが、一遍はそれに「踊り」という要素を付加したので、それは蓑輪顕量［2008］の言う「促進の道（心を高揚させていく瞑想）」に属する。つまり、念仏を称えながら踊ることで、忘我・恍惚《こうこつ》の境地に至り、結果として神秘体験をすることになる。では、一遍の忘我・恍惚の境地にある念仏をみていこう（坪井［1983］）。

一遍は生涯を通じて一処不在の遊行生活をし、また禅僧の法燈円明《ほっとうえんみょう》のもとで『無門関《むもんかん》』を学び、坐禅修行をしたために、法然門流にありながら禅的な念仏思想が確認される。彼が円明の座下にあったときに参禅し、つぎの歌を詠んだ。

となふれば　仏もわれも　なかりけり　南無阿弥陀仏の　声ばかりして

これに対し、円明はいまだ徹底した悟りに入っていないと指摘した。「ほとけもわれもなかりけり」と言いながら、念仏を称える声を聞いている自分がいるので、無我に徹しきっておらず、自分（主）と仏（客）とが分離していたからだ。そこで一遍は、その歌の下の句を変え、つぎのように詠み直した。

となふれば　仏もわれも　なかりけり　南無阿弥陀仏　なむあみだ仏

これを聞いた円明は「徹せり」と言って、印可を与えたという。ここに至ってはじめて、自分（主）と仏（客）が渾然《こんぜん》一体となった無我の境地が表明されることになる。そこには念仏の声が響くだけである。

一遍が遊行の途上で坐禅をしたかどうかは不明だが、この歌によって彼の念仏がいかに禅家の思想に影響を受けているかがわかるだろう。このように、一遍には二項対立を止揚し、相対を絶対化する思想が見られるが、これはまさに禅仏教が目指すところである。では、その一端を紹介しよう（平岡［2021］）。

一遍の仏教の特徴は「名号一元論」にある。あらゆる二項対立を名号という一元に吸収していく。第二章で少し言及したが、信と不信（往生に信は必要か不要か）、平生往生と臨終往生（往生は平生の念仏によるのか臨終の念仏によるのか）、一念と多念（往生するには一念で充分か、あるいは多念を要するか）、そして自力と他力（往生は自力か他力か）などである。法然・親鸞の後、このような二項対立が問題になったが、これらの対立をすべて名号（念仏）一元論で解消するのが一遍の浄土教の特徴だ。

この中から一つだけ、「自力／他力」の二元論を超越する具体例を挙げる。一遍は『播《ばん》州法語集《しゅうほうごしゅう》』二六で「自力他力を絶し、機（救済される衆生）法（救済する仏）を絶する所を、南無阿弥陀仏といえり」と説く。一般に浄土教は「他力の教え」と考えられているが、「他力」という言葉を使うかぎり、「自力」と相対する教えに堕してしまう。

これを超克するために、親鸞の教えは後に「絶対他力」と呼ばれるようになるが、「絶対」を付しても「他力」を使う以上、それは「自力」によって相対化されてしまうので、一遍は「他力」という用語自体を使うのを避け、「南無阿弥陀仏」という名号に「自力／他力」の対立を吸収した。

さらに、一遍仏教の特徴は「捨てる」という態度にもよく表れている。空也に範をとったものと考えられるが、一遍は「念仏の行者は智慧《ちえ》も愚痴をも捨て、善悪の境界をも捨て、貴賤《きせん》高下の道理も捨て、地獄を怖れる心も捨て、極楽を願う心も捨て、また諸宗の悟も捨て、一切を捨てて申す念仏こそ、弥陀超世の本願に最も適《かな》うのだ」という。「智慧」や「地獄を怖れる心」は理解できるが、「愚痴」や「極楽を願う心」をも捨てよと説く。法然は愚痴に還《かえ》って極楽往生を願う心で念仏することを勧めたが、一遍はそれらさえも捨てよと言う。これも二項対立を止揚する姿勢と共通するが、このように一遍は一切を捨てて申す念仏を重視した。

また『一遍上人語録《いっぺんしょうにん》』一六で「我を捨てて南無阿弥陀仏と一になるのを一心不乱という。そうなると、念々の称名は〝念仏が念仏を申す〟のである」と言う。無我に徹した念仏には自我が存在しないので、「私が念仏を申す」ではなく、「念仏が念仏を申す」としか表現するしかなくなる。まさに禅と念仏とが高次で融合した境地と言えるだろう。

江戸時代の禅僧——鈴木正三と白隠慧鶴

ではつぎに、江戸時代の禅僧にみる禅と念仏の双修をみていこう。取り上げるのは鈴木《すずき》正三《しょうさん》と白隠慧鶴である、まずは鈴木正三から。

鈴木は三河《みかわ》の武士の出身であり、臨済宗の大愚《たいぐ》宗築《そうちく》や曹洞宗の万安英種《ばんなんえいしゅ》らに参禅したので、彼の思想の核には禅の教えがあるが、特定の宗派にこだわらず、念仏などの教義も受容して独自の仏教を構築した。また在家の立場に立った仏教を模索したり、「職分仏行説《しょくぶんぶつぎょうせつ》」という職業倫理を重視し、日々の職業生活の中で信仰を実践することを説いたりしたことも、彼の思想の特徴である。

では、鈴木の念仏に対する態度をみていこう。彼は『二人比丘尼《ににんびくに》』の中で、念仏を以下の五種に分けて説明する。順次、その内容を順次説明すれば以下のとおりである（藤吉［1969; 1970］）。

①功徳の念仏
　通常の人が他力本願を頼み、極楽浄土に往生すべき心で一筋に申す念仏
②懺悔の念仏
　無始の昔から輪廻するのは煩悩を因とし、生々来々、苦を受けることを嘆き三毒の煩悩を滅すべき願力を以《もっ》て、捨身の心を用いて身心を責め、罪業を懺悔して、一筋に申す念仏
③利剣截断《りけんせつだん》の念仏
　念仏はただ阿弥陀仏の利剣と観念し、一切の念を截断する心を用いて、善悪の念をともに切り払い、勇猛《ゆうみょう》の心で申す念仏
④臨終正念の念仏
　生死を離れるべき心を本意とし、ただ今を臨終と思い定め、一念一念に命を捨てる心で、今生のことを捨て、切に急にする念仏

⑤離相離念の念仏

万事にかかわらず、信心堅固にして、一切を離れる心を以て申す念仏

こうして念仏を五種に分類した後、「人びとの能力に従って〔念仏に〕差別があるといえども、信心勇猛の一念や心に差別はない」と結んでいる。鈴木は、その人の性格や能力に応じて、そのいずれかを選ぶべきか、あるいはその両者を双修すべきか、あるいは念仏にしてもいろいろな念仏があるが、そのいずれを選ぶべきかは、自分で批判的に吟味し、自分に最も適した方法を選ぶことを勧めている。

また『念仏草子』の中では、「念仏往生を用いる人は、そう自覚していなくても坐禅の機に適っている。すべて諸々の仏像をよくよくご覧なさい。いずれも禅定《ぜんじょう》のお姿をされている。一筋に他力本願を旨として名号を称える心中に、仏の体があることは疑いない」という。さらに『反故集《ほごしゅう》』では「南無阿弥陀仏と称えることは菩提《ぼだい》の正因である」とも述べている。このように鈴木は禅家の立場から念仏にアプローチし、念仏を排斥することなく取り込んでいる。

つぎに、白隠慧鶴を取り上げる。白隠は臨済宗中興の祖とされる江戸中期の禅僧である。

白隠は念仏禅を悉《ことごと》く廃棄すべしと説く。なぜなら、禅と念仏とを双修する者は、そのいずれにも徹底せず、結局は何も得ることができないと考えたからだ。白隠が念仏禅に対してこのように厳しい態度を取った背景には、当時、悟道に徹することができず、密《ひそ》かに念仏して来世の往生を願う禅僧が多かったことがある。やはり、この世で悟りに到達するのは至難の業だった。

しかし、その一方で、「正念工夫、相続不断、見性了義の助けになるならば、称名はさておき、粉《こ》曳歌《ひきうた》でも称えなさい」と言い、見性（悟り）のためであれば念仏も用いよと述べる。藤吉《ふじよし》慈海《じかい》［1970］はここに白隠の自由自在さを見て取り、「浄土教の念仏をまわり道としながらこれを正念工夫、見性悟道のための手段として自家薬籠《やくろう》中のものとしている」と指摘する。

ただし、白隠は浄土門の念仏を参究の助けに用いることはあっても、浄土門に堕して極楽往生を願うことは嫌っている。あくまでも、白隠にとっての基軸は禅仏教である。称名念仏も見性のためならばよいが、見性の秘訣《ひけつ》を忘れて、ただ称名念仏功徳で仏になろうと思ってはならないと戒める。

また白隠はつぎのようにも述べる。「もしも物質を以て仏を見、音声を以て仏を求めれば、この人は邪道を行じ、如来を見ることはできない。真正の浄土の行者はそうではない。生を観ぜず、死を観ぜず、心は失念せず、心は顚倒《てんとう》せず、念仏を称えて一心不乱の境地に至り、忽然《こつねん》として大事が現前し、往生は決定する。この人を指して、真正なる見性の人というのだ。自身が直ちに六十万億那由他恒河沙由旬（『観無量寿経』の記述）の阿弥陀仏であり、七重の宝樹、八功徳水〔といった浄土の景観〕（『阿弥陀経』の記述）は明々と目前に輝く」という。

このように、白隠は見性と往生とを同一視しているが、それはすでにみた「己心の弥陀、唯心の浄土」的理解の浄土教であり、こう解してはじめて、両者の同一視は成立する。やはり、二元論を前提とする浄土教理解は禅家にとっては一元論的に、あるいは唯心論的に解釈されてしまう。その端的な例を彼の著『遠羅天釜《おらてがま》』から紹介しよう。

元禄《げんろく》の頃に二人の浄土教者がいた。一人は円恕《えんじょ》、もう一人は円愚《えんぐ》といった。二人とも志を同じくし、念仏を怠らなかった。山城《やましろ》国の人であった円恕は一心不乱に念仏し、忽然として三昧発得すると、往生の大事を決定した。そのとき、彼は濁湛《どくたん》老人に謁見した。以下はその両者の会話である。

濁湛問う「あなたはどこの国の人じゃ」
円恕曰《いわ》く「山城国です」
濁湛問う「何宗の修行をしているのじゃ」
円恕曰く「浄業（念仏）です」
濁湛問う「阿弥陀如来の年齢はおいくつかな」
円恕曰く「私と同じ歳でございます」
濁湛問う「では、お前さんはおいくつかな」
円恕曰く「阿弥陀と同じ歳でございます」
濁湛問う「〔阿弥陀如来は〕今、どこにおられるかな」
円恕は〔「ここです」と言わんばかりに〕左手を握って少し挙げた。
濁湛は驚いて言った。「お前さんこそ真の念仏行者じゃ」
円愚も久しからずして三昧発得し、往生の大事を決定した。

このように、阿弥陀仏と念仏者が本来同じという境地が禅の悟りの境地でもある。中国の公案では称名念仏が使われ、「阿弥陀仏を念じているこの私はいったい誰か。また念じられている阿弥陀仏とはいったい何か」と疑問を起こさせるという。そして念じている自己と念じられている阿弥陀仏とが別物ではなく、一体となったとき、この公案は解けるのである。

心理学的アプローチ1――教育心理学者の考察

ではここで、念仏の心理学的な効果について考えてみたい。法然の出現により、称名念仏が念仏の主流となり、またそれが往生の要件とされたことで、弥陀の名前を称えることだけに焦点が当たり、それが心理的にどのような効果をもたらすのかについては等閑に付されてきた感がある。法然は念仏による三昧発得を往生の要件とはしなかったが、結果として称名念仏の継続は法然に三昧発得という宗教体験をもたらした。法然が強く影響を受けた善導もしかりである。

念仏三昧という言葉があるが、これは念仏を繰り返すことで三昧という精神集中の状態に悟入することをいう。三昧と禅定とは、言葉は違うが、その意味することはいずれも「精神集中」であり、その意味で禅と念仏は相通じる。ではまず、教育心理学者の恩田彰《おんだあきら》［1974］によりながら、両者に共通する地盤を探ってみよう。

坐禅に入る前段階として「調身／調息／調心」が重要になる。結跏趺坐して身を調えると心が調う。また坐禅では呼吸調整を大切にする。念息一致を目指し、出入息を規則正しく行えるように注意を向ける。念仏では姿勢は問わないが、称名によって呼吸が調い、それによって心が調う。念仏は発声に注意を促すので、坐禅も念仏も身心一如が得られる。

坐禅には調心の方法として出入息を数えて呼吸に注意をする方法（数息観《すそく》）と、公案に注意を集中する方法がある。一方、念仏は南無阿弥陀仏と繰り返し称え、称名に注意を集中する。方法こそ異なるが、両者とも注意を集中することで、一種のトランス状態（意識の変性状態）に入る。念仏ではそのリズミカルで単調な繰り返しにより、坐禅と同様の状態が得られる。そして、これが継続されると、ある種の悟りの状態が現成し、世界の見方が変わってくる。坐禅では以下の三つの段階を経過する。

①第一段階（自己→世界）：自己が対象としての世界に接近する注意集中と凝念の状態
②第二段階（自己＝世界）：自己が世界と一体化する瞑想・静慮の状態
③第三段階（世界→自己）：世界の方から自己へ接近してくる、または自己と世界が一つになって自由に動く三昧の状態

平岡聡［2022］では、禅仏教も根底には他力があると指摘した。たとえば道元は『正法眼蔵』の「生死《しょうじ》」において「仏の家に投げ入れて、仏の方から行われて、これにしたがっていくとき、力をも入れず、心をも費やさずに、生死を離れ、仏となる」とか、「現成公案《げんじょうこうあん》」では「万法に証せらるる」とも言う。

自我から無我の状態に入ると、体験的にはすべてが〝受動〟に感じられる（恩田の言う「世界」は、筆者の表現では「真理」）。これが第三段階の状態だ。しかしこれは決して「主体性・自主性がない」という意味ではない。これはあくまで非本来的な「自我」からみた場合の表現であり、無我からすれば、それこそが自由闊達《かったつ》に活動する融通無碍《むげ》の主体的な状態である。そして、これを念仏に当てはめれば、つぎのようになる。

①第一段階（自己→阿弥陀仏）：阿弥陀仏に帰依しようとして自己の命を打ち込んでいる状態
②第二段階（自己＝阿弥陀仏）：自己が阿弥陀仏と一つになった状態
③第三段階（阿弥陀仏→自己）：自己が無我となって阿弥陀仏が自己の方へ接近し、

「己心の弥陀、唯心の浄土」を実感する状態

これも臨終の場面に当てはめれば、臨終の念仏は第一段階、それが極まると第二段階、そして最後の阿弥陀仏の来迎《らいごう》は第三段階に相当するのではないか。

坐禅における調心の方法は、注意集中法と瞑想法に二分される。注意集中法は一つの対象、たとえば呼吸や公案に注意を集中することを意味する。この注意集中の状態はさらに二つに分けられる。一つは意識的注意集中（能動的有意的注意集中）の段階で、一つの対象に積極的かつ意識的に注意を集中する。これは修行の初期段階で通る必要がある。つぎの段階が無意識的注意集中（自動的無意的注意集中）の状態である。意識的注意集中を習修していくと、自《おの》ずと無意識的注意集中に移行していく。つまり、意識せずとも集中できるようになるのだ。

もう一つの瞑想法は、どこにも注意を留《とど》めないやり方なので、逆に言えばどこにでも注意が届くようになる。一般には注意集中法を行って禅定に入り、つぎに瞑想法に入っていくと、禅定をより深めることができる。念仏は注意集中法に相当するので、坐禅と念仏を双修するやり方として、念仏してから坐禅（只管打坐）すると、よく坐禅ができるという。

このような理由から、本章でみたように、とくに中国と日本において、古《いにしえ》より念仏と坐禅は双修されてきたのかもしれない。従来の仏教者がそれに自覚的であったか無自覚的であったかは不明だが、心理学的には坐禅も念仏も同様の効果を持つ。

心理学的アプローチ2――禅家の考察

ではつぎに、鈴木大拙［2000］の考察を取り上げる。難解な論攷《ろんこう》だが、筆者なりに咀嚼《そしゃく》して紹介しよう。

鈴木は「名を与えることは弁別することであり、弁別することは個物の実在を認めることであり、個物を情的にも知的にも理解することである。それゆえ、名が呼ばれるとき、我々はその対象が我々とともにあることを感じ、仏を憶念することが、次第に転じて名号を呼ぶことになったのは、自然な発達の過程であった」と前置きし、なぜ名号がインド語の音訳のままで保持されてきたのかと問題提起する。

確かに「南無」は「ナマス（namas）／ナモー（namo）」の音訳であり、「帰依する／帰命する」を意味する。一方、阿弥陀仏には二つの異なった名前があり、一つは「アミターユス（＝アミタ（amita）＋アーユス（āyus））」、もう一つは「アミターバ（＝アミタ

(amita) ＋アーバ (ābha))」である。

「アミタ」は「無量の」を意味し、「アーユス」は「寿命」、「アーバ」は「光明」を意味するので、阿弥陀仏は「無量寿仏」であり「無量光仏」でもあるが、「阿弥陀」は両者に共通する前半のみを音訳した絶妙な訳語と言える。よって「南無阿弥陀仏」は「無量の寿命と無量の光明を持つ阿弥陀仏に帰依する」ことを意味する。

ではこれをふまえ、鈴木の見解を紹介しよう。これはインド語の音写であるから、中国人にも日本人にもその意味内容は不明である。だから、これは陀羅尼《だらに》や真言と同じであり、翻訳を経ず、そのまま発音すべきものである。その場合、称名には二つの効果が認められる。

一つは、名号が念仏者を往生せしめるという魔術的効果を持つということ、もう一つは、無意味な音が単に反復されると、心はそこに留まり、脇道にそれるべき機会を失って、念仏者をある一点に集中させる効果を持つということだ。つまり、外来語たる名号は念仏者にいかなる意味ももたらさないので、名号に由来する心像や幻覚の類《たぐ》いが意識界内に侵入する可能性を減じる。人は常時、分別の外塵《げじん》に覆われて本覚《ほんがく》の鏡面を曇らせているので、この悲劇を避けるためには、称名念仏は無意義な音声の連続でなければならない。そして発声は集中を助けるという心理的事実が念仏教義の基礎になっている。

念仏の機械化（念仏を機械的に称えること）は、まず意識の表面に浮遊する諸種の観念や感情を払拭《ふっしょく》し、その後、無意識の状態ともいうべき心理態を誘起する。これは仏教のみならず、回教徒が神の名アッラーを繰り返すのに酷似する。

念仏の反復によってもたらされる宗教体験（三昧発得・念仏三昧）が念仏仏教の祖師たちに経験されたからこそ、自信をもって「南無阿弥陀仏による往生」を説けたのではないか（確かに善導も法然も三昧発得し、それが彼らの思想を強く後押ししているように思える）。

称名念仏が深まれば、坐禅と同様に二元論を超克し、「我と仏」は一体化して、あるのは名号のみとなる。まさに一遍の「名号一元論」の境地だ。最初は往生を期待したり、見仏を期待して念仏を始めても、念仏が深まり、三昧の境地に没入すると、その経験は人に、最初に予期したものとはまったく異なる光景を開示する。つまり念仏行自体が特殊の機能を発揮し始めるのだ。

これは創造理論の「シネクティクス」の創始者ゴードンのいう「対象の自律性」である。すなわち、自分が対象を操作するのではなく、対象が勝手に動き出してくる現象が生起する（恩田［1974］）。その例を最後に示そう。白隠が巧みな手段を使ってその弟子の老父を教導する話である。

その老父は非常な吝嗇家《りんしょくか》であったため、息子は師匠の白隠に教導を懇願する。一計を案じた白隠は弟子に、「お前の父に念仏を称えさせよ。一遍の念仏には一文の価値がある。日々念仏して私のもとにきたら、称えた念仏の文だけ支払いをすると父に言え」と伝えた。それを聞いた老父は安易な金儲《もう》けの方法だと思い、毎日日課の念仏を称えると、支払い請求のために白隠のもとを訪れた。老父はこれが楽しみで毎日欠かさず念仏を称えたが、しばらくすると、老父は白隠のもとに来なくなった。

息子を呼んで様子を尋ねると、老父は念仏そのものに非常な関心を覚えるようになり、一念一文の契約をすっかり忘れていた。これは白隠の意図したことであったが、一週間ほどすると、父が白隠のもとにやって来て、金銭では換えられぬ喜びを得たことを告げた。

このように、数万遍に及ぶ、韻律的ではあるが単調な名号の唱誦《しょうしょう》は、念仏者の心に微妙な意識状態を誘起し、また念仏者がこの状態に入るときは、我々の意識を占領している多様な心の活動がすべて休止する。これは催眠状態に似ているが、根本的に違うのは、念仏三昧の場合、実在の性質に対する極めて意義ある内観であり、念仏者の精神生活に極めて恒久的な幸福をもたらすことである。そう考えれば、心理経験に関するかぎり、坐禅と念仏は根本的に同一であると鈴木は指摘する。

坐禅と念仏の将来的課題

では最後に、本書を締めくくるに当たり、これまでの考察に基づいて禅仏教と念仏仏教の将来的課題および展望をまとめておく。まずは禅仏教から。

禅仏教の強みは本来の仏教に近い点だ。中国的あるいは日本的に変容したとはいえ、坐禅はインド以来、悟りのための中心的な修行法であった。また仏教は基本的に現世における苦の克服を目指すので、実にわかりやすい。我々の通常の認識を超えた阿弥陀仏や極楽浄土も持ち出さず、己の心と向き合って心を調え、苦を克服する教えは、仏教徒のみならず、キリスト教徒もイスラム教徒も実践可能な普遍性を持つ。

また「今をどう生きるか」を問題にし、己心と向き合う禅仏教は、政治家や起業家など、組織の長となる人びとに行動指針を提示するので、エリートたちには魅力的な宗教である。アップルを創業したスティーブ・ジョブズが、禅に傾倒していたことは有名だ。また禅の悟りの体験は、芸術家の創造や芸道（茶道・華道）・武道の精神とも相通ずるものがあるので、彼らを魅了する力を持っている点も強みとなろう。

一方、禅仏教の弱みは、その崇高さにある。第三章で確認したように、禅仏教は出家者のための仏教であり、エリートのための教えであるため、難易度の高い宗教となっている。もともとインドで出家者と在家者とは厳密に区別され、基本的に出家者しか悟ることはできなかった。その伝統を継承する禅仏教であるから、万人に開かれた宗教とは言いがたい面がある。

事実、日本では室町時代、仏教の各宗派は庶民化していき、禅仏教も例外ではなかったが、その庶民化の手法は葬祭活動と授戒会《じゅかいえ》であり（神田［2010］）、そこに本来の坐禅はでてこない。また本章で確認したように、今生で悟りを開けなかった禅僧は念仏を称えて極楽往生を願ったというから、坐禅で悟りを開くのはかなりハードルの高い目標になる。禅仏教も大乗を標榜《ひょうぼう》するかぎり、在家者の悟りも射程に入れなければならないが、この問題をどうするかが禅仏教の今後の課題だろう。

一方の念仏仏教はどうか。その強みは、何と言っても庶民性だ。法然の出現により、念仏は称名念仏が中心となり、ただ声に出して南無阿弥陀仏と称えれば極楽往生できるので、これ以上の易行《いぎょう》はない。誰でも実践できる。法然による念仏仏教の革新性は、出家者と在家者との垣根を取り払い、念仏する者をすべて往生させ、悟りに向かわせる道を拓《ひら》いた。

これは大乗仏教の極致であり、禅仏教にはマネのできない特徴である。

しかし、念仏仏教の弱みは現世と来世の隔絶にある。念仏を称えれば極楽往生できるが、それは来世でのことであり、現世において残された時間をどう過ごすかは積極的に説かない。法然仏教では「現世《げんぜ》をすぐべきようは念仏を申されんようにすぐべし」が精一杯である。「念仏が称えられるように現世を過ごしなさい」が法然の教えであったから、具体的にどう生きるかは個人に任されることになる。

竹村牧男《たけむらまきお》［2015］は還相回向《げんそうえこう》を説く親鸞仏教について、「元来、還相は浄土に往生してから以降に初めて使える言葉だから、親鸞の立場の場合、往生即成仏以降に実現することである。ではこの世において、信心が定まった者には、どのような利他行が発揮されてくるのか。しかし真宗ではこの世での利他行は言わないようであり、これが真宗の大きな課題だ」（取意）と指摘する。大乗仏教を標榜しながら、この世での具体的かつ積極的な利他行を説かない（あるいは「説けない」）念仏仏教の弱みがここに露呈している。

往生の方法は説いても、具体的にこの世でどう行動するかについて、念仏仏教は沈黙を守ってしまう。この世での社会倫理を積極的に説けない点、そして大乗仏教としての行動指針を明確に示せない点が、念仏仏教の最大の弱みだろう。

このように禅仏教では出家と在家の溝、念仏仏教では現世と来世の溝をどう埋めるかが課題となる。

そこで、この両者のそれぞれの溝を同時に埋める有効な手段を一つ考えてみよう。それが本章で取り上げた坐禅と念仏の双修だ。鈴木が指摘するように、心理経験として坐禅と念仏が根本的に同一であるとするならば、それは双方の溝を埋める機能を持つ。禅仏教に関しては最近、マインドフルネスという流れがあり、それほどハードルの高い実践としては位置づけられていない。これは悟りを目指しているわけではないが、禅仏教にアクセスする〝方便〟としては有効だろう。

一方の念仏にも坐禅と同様の心理的効果があるなら、往生の方法という本来の目的はいったん脇に置き、精神を安定させ、毎日の生活を充実させるために念仏を活用するのである。白隠に教導された老父のように、念仏を繰り返すことで毎日の生活が充実し、喜びに満ちた生活が送れるなら、それは周りの人びとにも好影響を与え、ひいてはそれが利他行へとつながる可能性は充分にある。

藤吉［1974］は「学行一如的な禅と念仏との統一的な自覚的双修によって、智慧《ちえ》と慈悲の両面をかねそなえた、宗教的人格の形成をめざした〝新しい念仏禅〟」を、また恩田

［1974］は念仏→坐禅→念仏→を繰り返す「禅念仏」を提唱している。

具体的にどう双修するかは今後の課題とし、鎌倉時代に袂を分かった禅仏教と念仏仏教は、近い将来、また邂逅《かいこう》すべき時を待っているのかもしれない。

おわりに

「著書」は最終形であり、氷山で言えば、まさに「一角」である。しかし、一角を支える、目に見えない部分がなければ、一角そのものが存在しない。というわけで、「おわりに」では、その〝目に見えない部分〟を〝見える化〟しておこう。

読者にその経緯の一端をお伝えするのも、著書を出版するさいの隠れた楽しみだ。そう言うと語弊があるが、これまでの経験から「おわりに」を書くのが一番楽しく、一番時間をかけて推敲《すいこう》する（決して本文の手を抜いているわけではありません。念のため）。

二〇一四年に学長に就任してから八年間、研究書の出版は一旦《いったん》棚上げし、一般書の出版を心がけた。おかげで学長就任の八年間で何冊かの著書を出版できたが、その間、さまざまな出版社の多様な編集者と巡り会えた。それぞれ個性があり、出版に向けてのやりとりは楽しかったが、今回はKADOKAWAの竹内祐子さんに御縁を頂戴《ちょうだい》した。

これまでにKADOKAWAからは『浄土思想入門』と『鎌倉仏教』を選書として出版

した。今回は竹内さんの方からいくつか企画の提案をいただいたが、そのうちの一つが『禅と念仏』だった。私の力量と市場を上手《うま》くマッチングさせせたご提案だったと思う。執筆の途中ではいろいろと苦労もあったが、楽しく文章をまとめることができた。竹内さんには心より謝意を表する。ありがとうございました。

さて、本書には陰の立役者が二人いる。一人目は私が務める京都文教大学課員の立石尚《たていしなお》史《ふみ》さん。立役者の立石さん、いい響きだ。彼は一九九六年に本学が創立されたときの一期生であり、卒業後はさまざまな職を経験してから数年前に本学の専任職員となり、今は教員の研究を支援する研究支援課で活躍されている。

本書の執筆を始めた、まさに初日、仕事で彼が私の研究室を訪れ、たまたま私の研究の話になった。私はそのとき学長職を退任して一年目であり、水を得た魚のごとく研究に打ち込んでいたため、自分の研究について熱く語ってしまった。ミヒャエル・エンデ著『モモ』の主人公のように、彼は聞き上手であり、引き出し上手でもあるので、本書の件も思わず口にすると、まるで自分事のように喜んでくれた。これにより、私のモチベーションのギアが上がった。

それから二人目は、同じく本学職員で教職・保育福祉職サポートセンター所属の川本千《かわもとち》夏《なつ》さんだ。面倒見のよい彼女は、学生から「お母さん」と慕われている。実は本書の原稿を作成する最終段階、ちょうど第七章を書き終えるころ、私は新型コロナウイルスに感染し、一週間の自宅療養を余儀なくされた。「まさか私が！」という思いで深く落ち込んだ。

しかし、そんな私を彼女は持ち前の明るさとユーモアで、私よりずっと若いが、〝お母さん〟のように私を温かく見守り、優しく励まし続けてくれた。その甲斐《かい》あって、寝室に籠《こ》もりベットに伏せながらも、気力を振り絞ってパソコンを打ち続け、何とか原稿を仕上げることができた（こんな格好で原稿を仕上げたのは初めてです！）。

というわけで、奇《く》しくも原稿を仕上げる最初と最後でお世話になった本学職員のお二人に本書を捧《ささ》げたい。立石尚史さん、川本千夏さん、本当にありがとうございました。

平岡　聡

二〇二三年一一月二三日（三枝樹《みえき》忌の日に）

引用文献ならびに主要参考文献

阿満　利麿　1989『法然の衝撃―日本仏教のラディカル―』人文書院

――――　2011『親鸞』筑摩書房

石田　一良　1956『浄土教美術―文化史学的研究序論―』平楽寺書店

伊吹　敦　2001『禅の歴史』法藏館

上田閑照・柳田聖山　1992『十牛図―自己の現象学―』筑摩書房

薄井和男（監）2011『もっと知りたい　禅の美術』東京美術

内田啓一（監）2009『浄土の美術―極楽往生への願いが生んだ救いの美（仏教美術を極める・2）―』

梅原　猛　2000『法然の哀しみ（梅原猛著作集10）』小学館

小川　隆　2019「禅―系譜と問答の宗教―」『経済史研究』22, 1–36.

沖本　克己　1981「大乗戒」平川（他編）［1981: 183–221］

――――　1983「禅と念仏をめぐって」藤吉（編）［1983: 95–110］

折口　信夫　1991『日本藝能史六講』講談社

恩田　彰　1974「禅と念仏の心理学的比較考察」『印度学仏教学研究』23–1, 1–7.
神田千里　2010「一揆と仏教」末木（編）[2010: 284–328]
熊野宏昭　2012『新世代の認知行動療法』日本評論社
五来　重　1995『芸能の起源（宗教民俗集成５）』角川書店
齊藤隆信　2017『円頓戒講説』佛教大学齊藤隆信研究室
佐々木徹真　1956「親鸞の非僧非俗に就いて」『印度学仏教学研究』4-1, 152-153.
佐藤実枉　1996「吉本式内観法について」『現代密教』8, 160–172.
釈　徹宗　2011「説教と落語に関する一考察—芸能が持つ宗教性—」『相愛大学人文科学研究所研究年報』56, 9–14.
浄　土　宗　2016『新纂浄土宗大辞典』浄土宗
末木文美士　1998『鎌倉仏教形成論—思想史の立場から—』法藏館
———（編）2010『躍動する中世仏教（新アジア仏教史12・日本Ⅱ）』佼成出版社
鈴木　大拙　1940『禅と日本文化』岩波書店
———　1954『禅とは何か』角川書店
———　1954『禅』筑摩書房
———　2000『鈴木大拙全集　第四巻』岩波書店

関山　和夫　1973『説教の歴史的研究』法藏館
高田　修　1967『仏像の起源』岩波書店
竹村　牧男　2015『日本仏教　思想のあゆみ』講談社
坪井　俊映　1983「禅浄双修思想に関する現代の問題」藤吉（編）[1983: 243–267]
中山　彰信　2009「親鸞における戒律と倫理」『日本仏教学会年報』74, 251-263.
並川　孝儀　2021a「最古層経典における sata、sati の用法」『仏教学部論集』105, 1–18.
――――――　2021b「最古層経典にみる sata、sati の意義とその展開―仏教最古の根本的立場―」『佛教大学仏教学会紀要』26, 1–24.
――――――　2023　初期韻文経典にみる「四聖諦」と「三学」」『佛教大学仏教学部論集』107, 1–20.
林　純教　1994『蔵文和訳・般舟三昧経』大東出版社
原田　正俊　2010「室町文化と仏教」末木（編）[2010: 238–278]
平岡　聡　2007『ブッダが謎解く三世の物語―『ディヴィヤ・アヴァダーナ』全訳（上）』大蔵出版
――――――　2018『浄土思想入門―古代インドから現代日本まで―』KADOKAWA
――――――　2019『南無阿弥陀仏と南無妙法蓮華経』新潮社

――――　2021『鎌倉仏教』ＫＡＤＯＫＡＷＡ
――――　2022『親鸞と道元』新潮社
平川彰（他編）1981『大乗仏教とは何か（講座・大乗仏教1）』春秋社
平野　宗浄　1983「臨済禅と念仏」藤吉（編）[1983: 77–94]
ひろさちや　1989『禅の道・念仏の道（仏教の歴史6）』春秋社
吹田　隆徳　2016「般舟三昧と仏随念の関係について」『印度学仏教学研究』65–1, 190–193.
藤田　宏達　1972「原始仏教における禅定思想」『佛教思想論叢（佐藤博士古稀記念）』山喜房佛書林、297–315.
藤吉　慈海　1969「鈴木正三の念仏禅」『禅学研究』57, 311–329.
――――　1970「禅と念仏との邂逅」『印度学仏教学研究』19–1, 27–34.
――――　1974『禅浄双修の展開』春秋社
――――（編）1983『禅と念仏―その現代的意義―』大蔵出版
古田　紹欽（編）1996『禅と芸術Ⅰ（叢書　禅と日本文化1）』ぺりかん社
――――　1985「日本文化と禅」古田（編）[1996: 11–31]
三木　彰円　2009「親鸞における「愚禿釈」の名乗りと「無戒名字の比丘」」『日本仏教学会年報』74, 265-275.

簑輪　顕量　2008『仏教瞑想論』春秋社
――――（編）2021『仏典とマインドフルネス―負の反応とその対処法―』臨川書店
山口　諭助　1956「無の芸術―禅の立場から―」古田（編）［1996: 101–120］
山田　無文　1965『手をあわせる』春秋社
柳田　聖山　1982「日本の禅・日本人の美意識」古田（編）［1996: 33–47］
湯浅　晃　1990「「道」の思想と武道」『天理大学学報』41–3, 109–125

平岡　聡（ひらおか・さとし）
1960年、京都市生まれ。佛教大学文学部仏教学科卒業。同大学大学院文学研究科博士後期課程満期退学。ミシガン大学アジア言語文化学科留学。京都文教大学教授、京都文教学園学園長。博士（文学）。著書に、『浄土思想入門』『鎌倉仏教』（角川選書）、『法華経成立の新解釈』（大蔵出版）、『大乗経典の誕生』『〈業〉とは何か』（筑摩選書）、『親鸞と道元』『南無阿弥陀仏と南無妙法蓮華経』『ブッダと法然』『言い訳するブッダ』（新潮新書）、『菩薩とはなにか』（春秋社）など多数。

本書は書き下ろしです。

禅《ぜん》と念仏《ねんぶつ》

平岡《ひらおか》　聡《さとし》

2024年 1月 10日　初版発行

発行者　山下直久
発　行　株式会社KADOKAWA
〒102-8177　東京都千代田区富士見2-13-3
電話　0570-002-301（ナビダイヤル）
装 丁 者　緒方修一（ラーフイン・ワークショップ）
ロゴデザイン　good design company
オビデザイン　Zapp!　白金正之
印 刷 所　株式会社暁印刷
製 本 所　本間製本株式会社

角川新書

ISBN978-4-04-082491-8 C0215